DISCLAIMER

The author and publisher are providing this book and its contents on an "as is" basis and make no representations or warranties of any kind with respect to this book or its contents. The author and publisher disclaim all such representations and warranties, including but not limited to warranties of merchantability. In addition, the author and publisher do not represent or warrant that the information accessible via this book is accurate, complete, or current.

Except as specifically stated in this book, neither the author nor publisher, nor any authors, contributors, or other representatives will be liable for damages arising out of or in connection with the use of this book. This is a comprehensive limitation of liability that applies to all damages of any kind, including (without limitation) compensatory; direct, indirect, or consequential damages; loss of data, income, or profit; loss of or damage to property; and claims of third parties.

Copyright © 2022 LINGUAS CLASSICS

BESTACTIVITYBOOKS.COM

All rights reserved. No part of this book may be reproduced or used in any manner without the written permission of the copyright owner except for the use of quotations in a book review.

FIRST EDITION - Published 2022

Extra Graphic Material From: www.freepik.com
Thanks to: alekksall, Starline, Pch.vector, Rawpixel.com, Vectorpocket, Dgim-studio, Upklyak, Macrovector, Stockgiu, Pikisuperstar & Freepik.com Designers

This Book Comes With Free Bonus Puzzles
Available Here:

BestActivityBooks.com/WSBONUS20

5 TIPS TO START!

1) HOW TO SOLVE

The Puzzles are in a Classic Format:

- Words are hidden without breaks (no spaces, dashes, ...)
- Orientation: Forward & Backward, Up & Down or in Diagonal (can be in both directions)
- Words can overlap or cross each other

2) ACTIVE LEARNING

To encourage learning actively, a space is provided next to each word to write down the translation. The **DICTIONARY** allows you to verify and expand your knowledge. You can look up and write down each translation, find the words in the Puzzle then add them to your vocabulary!

3) TAG YOUR WORDS

Have you tried using a tag system? For example, you could mark the words which have been difficult to find with a cross, the ones you loved with a star, new words with a triangle, rare words with a diamond and so on...

4) ORGANIZE YOUR LEARNING

We also offer a convenient **NOTEBOOK** at the end of this edition. Whether on vacation, travelling or at home, you can easily organize your new knowledge without needing a second notebook!

5) FINISHED?

Go to the bonus section: **MONSTER CHALLENGE** to find a free game offered at the end of this edition!

Want more fun and learning activities? It's **Fast and Simple!**
An entire Game Book Collection just **one click away!**

Find your next challenge at:

BestActivityBooks.com/MyNextWordSearch

Ready, Set... Go!

Did you know there are around 7,000 different languages in the world? Words are precious.

We love languages and have been working hard to make the highest quality books for you. Our ingredients?

A selection of indispensable learning themes, three big slices of fun, then we add a spoonful of difficult words and a pinch of rare ones. We serve them up with care and a maximum of delight so you can solve the best word games and have fun learning!

Your feedback is essential. You can be an active participant in the success of this book by leaving us a review. Tell us what you liked most in this edition!

Here is a short link which will take you to your order page.

BestBooksActivity.com/Review50

Thanks for your help and enjoy the Game!

Linguas Classics Team

1 - Food #1

```
Γ Μ Η Η Σ Α Λ Ά Τ Α Ε Η Έ Ζ
Έ Α Μ Ω Κ Λ Δ Κ Α Ν Έ Λ Α Ά
Ξ Π Λ Κ Ό Ά Λ Ρ Σ Ο Ύ Π Α Χ
Β Α Α Α Ρ Τ Χ Ε Ί Τ Ι Ι Λ Α
Σ Υ Υ Ρ Δ Ι Ρ Μ Μ Ψ Ω Υ Δ Ρ
Ν Β Σ Ό Ο Τ Ι Μ Τ Ό Ν Ο Σ Η
Ι Α Ο Τ Γ Ο Γ Ύ Υ Ν Ν Ξ Ε Α
Κ Σ Χ Ο Ψ Ρ Μ Δ Γ Η Υ Ι Ν Ο
Ρ Ι Α Δ Ρ Α Φ Ι Σ Τ Ί Κ Ι Σ
Ι Λ Γ Χ Υ Μ Ό Σ Π Α Ν Ά Κ Ι
Θ Ι Γ Ν Λ Β Ε Ρ Ί Κ Ο Κ Ο Γ
Ά Κ Λ Φ Ρ Ά Ο Υ Λ Α Δ Μ Ε Έ
Ρ Ο Ψ Α Ι Γ Δ Ο Γ Ο Γ Γ Ύ Λ Ι
Ι Ύ Χ Ρ Η Ν Λ Ι Π Π Ρ Α Δ Δ
```

ΒΕΡΊΚΟΚΟ
ΚΡΙΘΆΡΙ
ΒΑΣΙΛΙΚΟΎ
ΚΑΡΌΤΟ
ΚΑΝΈΛΑ
ΣΚΌΡΔΟ
ΧΥΜΌΣ
ΛΕΜΌΝΙ
ΓΆΛΑ
ΚΡΕΜΜΎΔΙ

ΦΙΣΤΊΚΙ
ΑΧΛΆΔΙ
ΣΑΛΆΤΑ
ΑΛΆΤΙ
ΣΟΎΠΑ
ΣΠΑΝΆΚΙ
ΦΡΆΟΥΛΑ
ΖΆΧΑΡΗ
ΤΌΝΟΣ
ΓΟΓΓΎΛΙ

2 - Castles

Μ	Α	Ξ	Ά	Κ	Α	Τ	Α	Π	Έ	Λ	Τ	Η	Σ
Α	Γ	Ψ	Ο	Λ	Π	Α	Λ	Ά	Τ	Ι	Λ	Η	Χ
Λ	Π	Ι	Σ	Α	Ο	Τ	Ο	Ί	Χ	Ο	Σ	Π	Β
Δ	Ρ	Ά	Κ	Ο	Σ	Γ	Σ	Γ	Ί	Έ	Ε	Α	Β
Υ	Ί	Τ	Π	Φ	Α	Π	Ο	Ο	Ο	Β	Υ	Ν	Α
Ν	Γ	Έ	Λ	Η	Ρ	Χ	Ί	Π	Ύ	Ρ	Γ	Ο	Σ
Α	Κ	Π	Β	Ν	Γ	Ο	Ξ	Δ	Β	Ν	Ε	Π	Ί
Σ	Ι	Χ	Ν	Ο	Ξ	Ο	Ύ	Ι	Α	Έ	Ν	Λ	Λ
Τ	Π	Ι	Ι	Ν	Ν	Χ	Β	Ρ	Τ	Π	Ή	Ί	Ε
Ε	Α	Π	Ρ	Ι	Γ	Κ	Ί	Π	Ι	Σ	Σ	Α	Ι
Ί	Σ	Π	Α	Θ	Ί	Δ	Η	Δ	Γ	Ο	Ν	Ί	Ο
Α	Ι	Π	Π	Ό	Τ	Η	Σ	Τ	Έ	Μ	Μ	Α	Γ
Μ	Ι	Φ	Ε	Ο	Υ	Δ	Α	Ρ	Χ	Ι	Κ	Ή	Ο
Μ	Π	Ο	Υ	Ν	Τ	Ρ	Ο	Ύ	Μ	Ι	Γ	Ω	Γ

ΠΑΝΟΠΛΊΑ
ΚΑΤΑΠΈΛΤΗΣ
ΣΤΈΜΜΑ
ΔΡΆΚΟΣ
ΜΠΟΥΝΤΡΟΎΜΙ
ΔΥΝΑΣΤΕΊΑ
ΦΕΟΥΔΑΡΧΙΚΉ
ΦΡΟΎΡΙΟ
ΆΛΟΓΟ
ΒΑΣΊΛΕΙΟ

ΙΠΠΌΤΗΣ
ΕΥΓΕΝΉΣ
ΠΑΛΆΤΙ
ΠΡΊΓΚΙΠΑΣ
ΠΡΙΓΚΊΠΙΣΣΑ
ΑΣΠΊΔΑ
ΣΠΑΘΊ
ΠΎΡΓΟΣ
ΤΟΊΧΟΣ

3 - Measurements

```
Ψ Τ Μ Δ Έ Ω Ν Λ Π Ω Γ Δ Χ Ξ
Η Ό Έ Ή Α Λ Ί Ν Τ Σ Α Ι Β
Φ Ν Τ Β Κ Έ Ω Τ Ν Γ Ν Π Λ Ο
Ι Ο Ρ Μ Ά Ο Σ Ρ Τ Ρ Ξ Ν Ι Ί
Ο Σ Ο Λ Ά Θ Σ Ο Β Α Θ Μ Ό Σ
Λ Ψ Υ Ε Γ Ζ Ο Ι Γ Μ Ε Δ Γ Π
Ε Ξ Γ Π Δ Υ Α Σ Μ Μ Κ Ε Ρ Π
Ξ Λ Γ Τ Ο Γ Η Δ Η Ά Α Κ Α Τ
Η Η Ι Ό Α Ί Ε Δ Σ Ρ Τ Α Μ Π
Χ Β Ά Ξ Έ Ζ Υ Γ Γ Ι Ο Δ Μ Λ
Ο Β Ν Λ Ρ Ω Ν Υ Ψ Ο Σ Ι Ο Ά
Χ Ι Λ Ι Ό Μ Ε Τ Ρ Ο Τ Κ Η Τ
Χ Έ Ν Τ Α Σ Η Λ Ί Δ Ό Ό Ο Ο
Ω Α Β Ξ Ί Η Ψ Π Τ Σ Μ Δ Ί Σ
```

ΨΗΦΙΟΛΕΞΗ	ΜΉΚΟΣ
ΕΚΑΤΟΣΤΌ	ΛΊΤΡΟ
ΔΕΚΑΔΙΚΌ	ΜΆΖΑ
ΒΑΘΜΌΣ	ΜΈΤΡΟ
ΒΆΘΟΣ	ΛΕΠΤΌ
ΓΡΑΜΜΆΡΙΟ	ΟΥΓΓΙΆ
ΎΨΟΣ	ΤΌΝΟΣ
ΊΝΤΣΑ	ΈΝΤΑΣΗ
ΧΙΛΙΌΓΡΑΜΜΟ	ΖΥΓΊΖΩ
ΧΙΛΙΌΜΕΤΡΟ	ΠΛΆΤΟΣ

4 - Farm #2

Π	Κ	Π	Ά	Π	Ι	Α	Γ	Τ	Φ	Π	Η	Σ	Β
Φ	Ά	Ρ	Δ	Ε	Υ	Σ	Η	Ρ	Ρ	Ρ	Ζ	Ι	Μ
Υ	Γ	Ξ	Ι	Μ	Λ	Ά	Μ	Α	Ο	Ό	Ώ	Τ	Β
Τ	Σ	Λ	Μ	Θ	Υ	Ι	Β	Κ	Ύ	Β	Α	Ά	Π
Ό	Έ	Α	Ί	Τ	Ά	Χ	Α	Τ	Τ	Α	Ρ	Ρ	Γ
Κ	Η	Β	Ψ	Τ	Υ	Ρ	Α	Έ	Ο	Τ	Ν	Ι	Ά
Α	Α	Τ	Ρ	Ο	Φ	Ή	Ι	Ρ	Ι	Ο	Ί	Τ	Λ
Β	Γ	Λ	Τ	Ν	Λ	Α	Χ	Υ	Ρ	Ώ	Ν	Α	Α
Ο	Υ	Ρ	Α	Λ	Ι	Β	Ά	Δ	Ι	Ρ	Ι	Η	Ξ
Σ	Γ	Ο	Ο	Μ	Π	Ε	Ρ	Ι	Β	Ό	Λ	Ι	Ν
Κ	Γ	Π	Ξ	Τ	Π	Β	Β	Π	Η	Μ	Ο	Γ	Α
Ό	Ξ	Β	Χ	Ι	Η	Ό	Τ	Χ	Έ	Σ	Χ	Έ	Δ
Σ	Μ	Ξ	Γ	Ν	Ω	Σ	Κ	Τ	Η	Α	Λ	Ο	Ρ
Υ	Τ	Ί	Ι	Ω	Σ	Υ	Β	Ι	Ψ	Ί	Ί	Α	Ε

ΖΏΑ
ΚΡΙΘΆΡΙ
ΑΧΥΡΏΝΑ
ΚΑΛΑΜΠΌΚΙ
ΠΆΠΙΑ
ΑΓΡΌΤΗΣ
ΤΡΟΦΉ
ΦΡΟΎΤΟ
ΆΡΔΕΥΣΗ
ΑΡΝΊ

ΛΆΜΑ
ΛΙΒΆΔΙ
ΓΆΛΑ
ΠΕΡΙΒΌΛΙ
ΠΡΌΒΑΤΟ
ΒΟΣΚΌΣ
ΤΡΑΚΤΈΡ
ΦΥΤΌ
ΣΙΤΆΡΙ

5 - Books

```
Λ Σ Υ Γ Γ Ρ Α Φ Έ Α Σ Δ Λ Β
Μ Χ Δ Υ Α Δ Ι Κ Ό Τ Η Τ Α Ο
Υ Ε Ι Ο Π Ο Ν Χ Σ Ε Λ Ί Δ Α
Θ Τ Σ Ε Α Γ Σ Ι Λ Β Π Μ Δ Ε
Ι Ι Ο Ί Φ Υ Ψ Μ Ψ Β Ε Υ Γ Φ
Σ Κ Χ Χ Η Ω Α Μ Τ Ρ Ρ Ξ Ί Ε
Τ Ή Λ Ο Γ Ο Τ Ε Χ Ν Ι Κ Ή Υ
Ό Π Ο Ί Η Μ Α Τ Ε Ι Π Π Γ Ρ
Ρ Ψ Α Ξ Τ Ω Δ Ρ Π Σ Έ Λ Ρ Ε
Η Μ Ι Η Ή Γ Σ Α Ι Τ Τ Α Α Τ
Μ Έ Α Έ Σ Π Ν Γ Κ Ο Ε Ί Π Ι
Α Π Ο Ί Η Σ Η Ι Ή Ρ Ι Σ Τ Κ
Σ Υ Λ Λ Ο Γ Ή Κ Τ Ί Α Ι Ή Ή
Ν Σ Τ Α Η Έ Ί Ή Έ Α Λ Ο Ξ Ψ
```

ΠΕΡΙΠΈΤΕΙΑ
ΣΥΓΓΡΑΦΈΑΣ
ΣΥΛΛΟΓΉ
ΠΛΑΊΣΙΟ
ΔΥΑΔΙΚΌΤΗΤΑ
ΕΠΙΚΉ
ΕΦΕΥΡΕΤΙΚΉ
ΛΟΓΟΤΕΧΝΙΚΉ
ΑΦΗΓΗΤΉΣ

ΜΥΘΙΣΤΌΡΗΜΑ
ΣΕΛΊΔΑ
ΠΟΊΗΜΑ
ΠΟΊΗΣΗ
ΣΧΕΤΙΚΉ
ΙΣΤΟΡΊΑ
ΤΡΑΓΙΚΉ
ΓΡΑΠΤΉ

6 - Meditation

Η	Δ	Ί	Ψ	Κ	Α	Λ	Ο	Σ	Ύ	Ν	Η	Ψ	Ι
Ο	Ρ	Ι	Μ	Υ	Α	Λ	Ό	Η	Η	Π	Μ	Ο	Ε
Γ	Ν	Ε	Ν	Σ	Χ	Ρ	Β	Ν	Π	Ρ	Β	Ψ	Ι
Ε	Ο	Χ	Μ	Ξ	Α	Ι	Ν	Υ	Ω	Ο	Ψ	Σ	Ρ
Φ	Ύ	Σ	Η	Ί	Ο	Π	Κ	Ί	Τ	Ο	Ε	Υ	Ή
Σ	Κ	Έ	Ψ	Η	Α	Σ	Τ	Ή	Σ	Π	Ν	Μ	Ν
Σ	Υ	Ν	Α	Ι	Σ	Θ	Ή	Μ	Α	Τ	Α	Π	Η
Σ	Α	Ν	Α	Π	Ν	Ο	Ή	Ο	Φ	Ι	Ε	Ό	Α
Η	Ι	Κ	Ί	Ν	Η	Σ	Η	Υ	Ή	Κ	Υ	Ν	Π
Π	Α	Ω	Ε	Ψ	Λ	Ε	Β	Σ	Ν	Ή	Τ	Ι	Ο
Ρ	Ξ	Ύ	Π	Ν	Η	Σ	Ε	Ι	Ε	Ψ	Υ	Α	Δ
Β	Ν	Έ	Ω	Ή	Π	Υ	Ι	Κ	Ι	Έ	Χ	Ν	Ο
Π	Ρ	Ο	Σ	Ο	Χ	Ή	Ρ	Ή	Α	Υ	Ί	Τ	Χ
Ε	Υ	Γ	Ν	Ω	Μ	Ο	Σ	Ύ	Ν	Η	Α	Σ	Ή

ΑΠΟΔΟΧΉ
ΠΡΟΣΟΧΉ
ΞΎΠΝΗΣΕ
ΑΝΑΠΝΟΉ
ΗΡΕΜΊΑ
ΣΑΦΉΝΕΙΑ
ΣΥΜΠΌΝΙΑ
ΣΥΝΑΙΣΘΉΜΑΤΑ
ΕΥΓΝΩΜΟΣΎΝΗ
ΕΥΤΥΧΊΑ

ΚΑΛΟΣΎΝΗ
ΨΥΧΙΚΉ
ΜΥΑΛΌ
ΚΊΝΗΣΗ
ΜΟΥΣΙΚΉ
ΦΎΣΗ
ΕΙΡΉΝΗ
ΠΡΟΟΠΤΙΚΉ
ΣΙΩΠΉ
ΣΚΈΨΗ

7 - Days and Months

Δ	Ε	Υ	Τ	Έ	Ρ	Α	Π	Έ	Μ	Π	Τ	Η	Μ
Α	Ν	Ο	Ε	Μ	Β	Ρ	Ί	Ο	Υ	Σ	Ω	Τ	Ο
Ε	Π	Α	Ρ	Α	Σ	Κ	Ε	Υ	Ή	Ξ	Λ	Ί	Π
Σ	Β	Ρ	Κ	Υ	Ρ	Ι	Α	Κ	Ή	Ι	Μ	Σ	Ρ
Τ	Ε	Δ	Ι	Α	Ν	Ο	Υ	Α	Ρ	Ί	Ο	Υ	Α
Ε	Δ	Π	Ο	Λ	Ο	Κ	Τ	Ω	Β	Ρ	Ί	Ο	Υ
Τ	Γ	Γ	Τ	Μ	Ί	Ξ	Χ	Μ	Ή	Ν	Α	Σ	Β
Ά	Ο	Ρ	Ρ	Ε	Ά	Ο	Σ	Ά	Β	Β	Α	Τ	Ο
Ρ	Α	Ψ	Ί	Έ	Μ	Δ	Υ	Π	Ο	Ρ	Ε	Ί	Α
Τ	Δ	Α	Τ	Ρ	Ε	Β	Α	Έ	Π	Α	Ε	Ψ	Ψ
Η	Ι	Β	Η	Ι	Έ	Τ	Ρ	Ι	Γ	Μ	Τ	Β	Ε
Ι	Ο	Υ	Λ	Ί	Ο	Υ	Σ	Ί	Έ	Ν	Ο	Ψ	Ρ
Φ	Ε	Β	Ρ	Ο	Υ	Α	Ρ	Ί	Ο	Υ	Σ	Ξ	Δ
Η	Μ	Ε	Ρ	Ο	Λ	Ό	Γ	Ι	Ο	Υ	Ω	Χ	Ρ

ΑΠΡΙΛΊΟΥ
ΗΜΕΡΟΛΌΓΙΟ
ΦΕΒΡΟΥΑΡΊΟΥ
ΠΑΡΑΣΚΕΥΉ
ΙΑΝΟΥΑΡΊΟΥ
ΙΟΥΛΊΟΥ
ΠΟΡΕΊΑ
ΔΕΥΤΈΡΑ
ΜΉΝΑΣ
ΝΟΕΜΒΡΊΟΥ

ΟΚΤΩΒΡΊΟΥ
ΣΆΒΒΑΤΟ
ΣΕΠΤΕΜΒΡΊΟΥ
ΚΥΡΙΑΚΉ
ΠΈΜΠΤΗ
ΤΡΊΤΗ
ΤΕΤΆΡΤΗ
ΕΒΔΟΜΆΔΑ
ΕΤΟΣ

8 - Chess

```
Α Ν Τ Ί Π Α Λ Ο Σ Ρ Ε Η Ι Σ
Έ Ν Ξ Χ Θ Ι Σ Τ Ρ Ι Λ Ξ Ί Ρ
Μ Ί Ω Ο Υ Ν Τ Υ Ι Λ Η Ι Δ Ψ
Δ Α Β Α Σ Ι Λ Ι Ά Σ Γ Υ Ψ Υ
Ι Β Ύ Ρ Ί Τ Ο Υ Ρ Ν Ο Υ Ά Β
Σ Ε Ω Ρ Α Λ Ρ Π Ρ Χ Σ Τ Έ Β
Π Η Ξ Ρ Ο Δ Ι Α Γ Ώ Ν Ι Ο Σ
Α Ι Μ Ο Χ Ψ Μ Ί Τ Ο Ι Ώ Ρ Α
Ι Ν Λ Ε Υ Κ Ό Κ Ω Η Ι Β Α Ξ
Χ Λ Η Ί Ί Π Ι Τ Ε Ο Γ Μ Χ Γ
Ν Τ Ω Ψ Μ Α Ε Η Ο Ρ Δ Ι Χ Π
Ί Β Α Σ Ί Λ Ι Σ Σ Α Ξ Γ Κ Ν
Δ Υ Ρ Ν Σ Ω Π Α Θ Η Τ Ι Κ Ή
Ι Π Ρ Ω Τ Α Θ Λ Η Τ Ή Σ Σ Ρ
```

ΜΑΎΡΟ
ΠΡΩΤΑΘΛΗΤΉΣ
ΔΙΑΓΏΝΙΟΣ
ΠΑΙΧΝΊΔΙ
ΒΑΣΙΛΙΆΣ
ΑΝΤΊΠΑΛΟΣ
ΠΑΘΗΤΙΚΉ
ΠΑΊΚΤΗ

ΣΗΜΕΊΑ
ΒΑΣΊΛΙΣΣΑ
ΘΥΣΊΑ
ΣΤΡΑΤΗΓΙΚΉ
ΏΡΑ
ΤΟΥΡΝΟΥΆ
ΛΕΥΚΌ

9 - Food #2

Κ	Έ	Υ	Α	Κ	Τ	Ι	Ν	Ί	Δ	Ι	Ο	Μ	Μ
Γ	Ο	Σ	Ο	Κ	Ο	Λ	Ά	Τ	Α	Ί	Δ	Π	Ω
Ο	Δ	Τ	Υ	Ρ	Ί	Ν	Ψ	Η	Γ	Λ	Ο	Α	Μ
Α	Γ	Λ	Ό	Σ	Έ	Λ	Ι	Ν	Ο	Ω	Έ	Ν	Ε
Ω	Υ	Μ	Π	Π	Η	Ρ	Ύ	Ζ	Ι	Δ	Ί	Ά	Λ
Ί	Δ	Π	Π	Λ	Ο	Ψ	Α	Η	Α	Ρ	Μ	Ν	Ι
Σ	Ι	Τ	Ά	Ρ	Ι	Υ	Ρ	Μ	Υ	Μ	Χ	Α	Τ
Ψ	Ξ	Ω	Ο	Υ	Ό	Α	Λ	Α	Γ	Π	Ε	Ξ	Ζ
Κ	Ε	Ρ	Ά	Σ	Ι	Κ	Ψ	Ο	Ό	Έ	Η	Ό	Ά
Σ	Υ	Π	Ν	Γ	Ι	Α	Ο	Ύ	Ρ	Τ	Ι	Μ	Ν
Μ	Α	Ν	Ι	Τ	Ά	Ρ	Ι	Λ	Δ	Ν	Μ	Ρ	Α
Α	Γ	Κ	Ι	Ν	Ά	Ρ	Α	Γ	Ο	Δ	Ή	Ι	Ξ
Ψ	Ά	Ρ	Ι	Σ	Τ	Α	Φ	Ύ	Λ	Ι	Λ	Τ	Σ
Ν	Τ	Ο	Μ	Ά	Τ	Α	Χ	Χ	Ω	Π	Ο	Β	Β

ΜΉΛΟ	ΜΕΛΙΤΖΆΝΑ
ΑΓΚΙΝΆΡΑ	ΨΆΡΙ
ΜΠΑΝΆΝΑ	ΣΤΑΦΎΛΙ
ΜΠΡΌΚΟΛΟ	ΖΑΜΠΌΝ
ΣΈΛΙΝΟ	ΑΚΤΙΝΊΔΙΟ
ΤΥΡΊ	ΜΑΝΙΤΆΡΙ
ΚΕΡΆΣΙ	ΡΎΖΙ
ΚΟΤΌΠΟΥΛΟ	ΝΤΟΜΆΤΑ
ΣΟΚΟΛΆΤΑ	ΣΙΤΆΡΙ
ΑΥΓΌ	ΓΙΑΟΎΡΤΙ

10 - Family

Η	Β	Υ	Ρ	Α	Π	Α	Ι	Δ	Ί	Ι	Α	Α	Μ
Ί	Έ	Δ	Η	Χ	Ν	Α	Τ	Τ	Π	Γ	Ν	Δ	Η
Θ	Δ	Ε	Σ	Ε	Κ	Ν	Τ	Δ	Α	Ρ	Ι	Ε	Τ
Ε	Ε	Ε	Γ	Γ	Ό	Ν	Ι	Έ	Τ	Δ	Ψ	Λ	Έ
Ί	Π	Ί	Ι	Γ	Ρ	Η	Τ	Ω	Ρ	Ρ	Ι	Φ	Ρ
Ο	Ρ	Γ	Α	Ο	Η	Μ	Γ	Χ	Ι	Α	Ά	Ο	Α
Σ	Ό	Υ	Γ	Ν	Ι	Σ	Ε	Ί	Κ	Β	Σ	Σ	Ε
Ύ	Γ	Ν	Ι	Ό	Ι	Γ	Ι	Ε	Ή	Π	Ί	Α	Μ
Ζ	Ο	Α	Ά	Σ	Λ	Ψ	Ξ	Α	Δ	Έ	Ρ	Φ	Η
Υ	Ν	Ί	Ρ	Ε	Ν	Β	Ι	Τ	Έ	Δ	Λ	Ε	Τ
Γ	Ο	Κ	Ο	Ρ	Α	Ω	Η	Ό	Μ	Ο	Α	Ρ	Ρ
Ο	Σ	Α	Π	Α	Π	Π	Ο	Ύ	Σ	Ω	Τ	Τ	Ι
Σ	Ί	Ρ	Α	Ψ	Χ	Ί	Ω	Ί	Ω	Ψ	Ί	Ξ	Κ
Σ	Ξ	Ί	Υ	Π	Έ	Γ	Γ	Α	Δ	Ε	Λ	Φ	Ή

ΠΡΌΓΟΝΟΣ
ΘΕΊΑ
ΑΔΕΛΦΟΣ
ΠΑΙΔΊ
ΞΑΔΈΡΦΗ
ΚΌΡΗ
ΠΑΤΈΡΑΣ
ΕΓΓΌΝΙ
ΠΑΠΠΟΎΣ
ΓΙΑΓΙΆ

ΕΓΓΟΝΌΣ
ΣΎΖΥΓΟΣ
ΜΗΤΡΙΚΉ
ΜΗΤΈΡΑ
ΑΝΙΨΙΌΣ
ΑΝΙΨΙΆ
ΠΑΤΡΙΚΉ
ΑΔΕΛΦΉ
ΘΕΊΟΣ
ΓΥΝΑΊΚΑ

11 - Farm #1

Φ	Π	Δ	Έ	Β	Τ	Κ	Β	Ί	Ο	Τ	Έ	Β	Α
Ε	Ρ	Έ	Χ	Μ	Ο	Σ	Χ	Ά	Ρ	Ι	Ω	Γ
Μ	Έ	Α	Δ	Ξ	Ρ	Σ	Κ	Ύ	Λ	Ο	Σ	Ε
Ε	Έ	Χ	Κ	Ί	Ν	Ά	Έ	Ν	Γ	Ί	Δ	Α	Λ
Ν	Έ	Λ	Ω	Τ	Ο	Κ	Έ	Ε	Ψ	Π	Ξ	Η	Ά
Β	Ι	Σ	Ι	Η	Η	Ι	Υ	Τ	Ι	Α	Λ	Ε	Δ
Λ	Σ	Ν	Ε	Ρ	Ό	Σ	Ψ	Α	Σ	Σ	Έ	Μ	Α
Ε	Α	Μ	Έ	Λ	Ι	Σ	Σ	Α	Λ	Μ	Ο	Π	Ί
Ά	Ν	Γ	Α	Ϊ	Δ	Ο	Ύ	Ρ	Ι	Α	Τ	Ω	Σ
Λ	Ό	Γ	Έ	Ω	Ρ	Γ	Ί	Α	Γ	Ά	Τ	Α	Π
Ο	Β	Έ	Ε	Β	Ύ	Κ	Ο	Π	Ά	Δ	Ι	Π	Ό
Γ	Ί	Η	Ί	Σ	Ζ	Λ	Η	Β	Δ	Τ	Χ	Ν	Ρ
Ο	Τ	Ο	Χ	Δ	Ι	Ω	Ψ	Ί	Ί	Ι	Β	Ε	Ο
Κ	Ο	Τ	Ό	Π	Ο	Υ	Λ	Ο	Ν	Ω	Λ	Μ	Ι

ΓΕΩΡΓΊΑ
ΜΈΛΙΣΣΑ
ΜΟΣΧΆΡΙ
ΓΆΤΑ
ΚΟΤΌΠΟΥΛΟ
ΑΓΕΛΆΔΑ
ΚΟΡΆΚΙ
ΣΚΎΛΟΣ
ΓΑΪΔΟΎΡΙ
ΦΡΆΚΤΗΣ

ΛΊΠΑΣΜΑ
ΠΕΔΊΟ
ΚΟΠΆΔΙ
ΓΊΔΑ
ΣΑΝΌ
ΜΈΛΙ
ΆΛΟΓΟ
ΡΎΖΙ
ΣΠΌΡΟΙ
ΝΕΡΌ

12 - Camping

Ί	Ε	Π	Ρ	Ρ	Μ	Β	Σ	Ξ	Η	Ν	Ω	Ψ	Γ
Μ	Ξ	Η	Μ	Δ	Σ	Ε	Φ	Ύ	Σ	Η	Π	Ψ	Ρ
Ψ	Ί	Έ	Ω	Δ	Κ	Β	Χ	Ρ	Δ	Κ	Ψ	Ο	Ν
Υ	Υ	Π	Υ	Δ	Α	Α	Ζ	Ώ	Α	Υ	Η	Λ	Ι
Β	Ο	Υ	Ν	Ό	Π	Φ	Ν	Τ	Σ	Ν	Π	Ν	Σ
Σ	Ψ	Ξ	Χ	Ν	Έ	Ω	Τ	Ό	Ο	Ή	Ο	Μ	Ή
Χ	Έ	Ί	Ά	Β	Λ	Τ	Σ	Ω	Σ	Γ	Μ	Ω	Κ
Ο	Ι	Δ	Ρ	Ψ	Ο	Ι	Μ	Ι	Μ	Ι	Γ	Ο	Α
Ι	Α	Α	Τ	Π	Ο	Ά	Έ	Ν	Τ	Ο	Μ	Ο	Μ
Ν	Μ	Ι	Η	Η	Α	Ρ	Ε	Λ	Σ	Ν	Ι	Α	Π
Ί	Λ	Ώ	Δ	Έ	Ν	Τ	Ρ	Α	Ί	Μ	Δ	Ο	Ί
Π	Ε	Ρ	Ι	Π	Έ	Τ	Ε	Ι	Α	Μ	Ι	Μ	Ν
Ε	Η	Α	Φ	Ε	Γ	Γ	Ά	Ρ	Ι	Ο	Ν	Τ	Α
Δ	Ε	Ρ	Δ	Ι	Α	Σ	Κ	Έ	Δ	Α	Σ	Η	Π

ΠΕΡΙΠΈΤΕΙΑ ΚΥΝΉΓΙ
ΖΏΑ ΈΝΤΟΜΟ
ΚΑΜΠΊΝΑ ΛΊΜΝΗ
ΚΑΝΌ ΧΆΡΤΗ
ΠΥΞΊΔΑ ΦΕΓΓΆΡΙ
ΦΩΤΙΆ ΒΟΥΝΌ
ΔΆΣΟΣ ΦΎΣΗ
ΔΙΑΣΚΈΔΑΣΗ ΣΧΟΙΝΊ
ΑΙΏΡΑ ΣΚΗΝΉ
ΚΑΠΈΛΟ ΔΈΝΤΡΑ

13 - Cats

Α	Σ	Τ	Ε	Ί	Ο	Γ	Χ	Δ	Ί	Π	Κ	Π	Π
Π	Έ	Τ	Τ	Ξ	Υ	Β	Ο	Ξ	Β	Ν	Ο	Α	Ρ
Η	Ε	Δ	Χ	Υ	Ρ	Χ	Ε	Ύ	Υ	Ή	Ι	Ι	Ο
Σ	Λ	Ρ	Χ	Δ	Ά	Ο	Ί	Δ	Ν	Μ	Μ	Χ	Σ
Ί	Μ	Ο	Ί	Π	Γ	Ε	Π	Ψ	Τ	Α	Ά	Ν	Ω
Ο	Τ	Ω	Ε	Ε	Ό	Γ	Ψ	Ε	Ρ	Γ	Μ	Ι	Π
Ά	Γ	Ρ	Ι	Ο	Ρ	Δ	Γ	Ρ	Ο	Ο	Α	Δ	Ι
Λ	Η	Ω	Γ	Έ	Ί	Γ	Ι	Χ	Π	Η	Ι	Ι	Κ
Π	Ο	Ν	Τ	Ί	Κ	Ι	Ο	Β	Α	Ε	Ι	Ά	Ό
Ι	Χ	Ύ	Τ	Ρ	Ε	Λ	Ό	Σ	Λ	Ν	Ω	Ρ	Τ
Μ	Σ	Χ	Λ	Κ	Υ	Ν	Η	Γ	Ό	Σ	Β	Ι	Η
Γ	Ρ	Ι	Ε	Έ	Ο	Έ	Ί	Ι	Σ	Τ	Υ	Κ	Τ
Α	Ν	Ε	Ξ	Ά	Ρ	Τ	Η	Τ	Η	Η	Ί	Ο	Α
Ν	Β	Ν	Ί	Γ	Ρ	Η	Γ	Ξ	Υ	Η	Έ	Τ	Μ

ΝΎΧΙ
ΤΡΕΛΌ,
ΠΕΡΊΕΡΓΟΣ
ΑΣΤΕΊΟ
ΓΟΎΝΑ
ΚΥΝΗΓΌΣ
ΑΝΕΞΆΡΤΗΤΗ
ΠΟΝΤΊΚΙ

ΠΌΔΙ
ΠΡΟΣΩΠΙΚΌΤΗΤΑ
ΠΑΙΧΝΙΔΙΆΡΙΚΟ
ΝΤΡΟΠΑΛΌΣ
ΚΟΙΜΆΜΑΙ
ΟΥΡΆ
ΆΓΡΙΟ
ΝΉΜΑ

14 - Numbers

Β	Ξ	Ψ	Ι	Τ	Ρ	Ί	Α	Δ	Π	Ρ	Γ	Ξ	Ρ
Έ	Ξ	Ι	Ε	Ψ	Β	Ω	Έ	Ε	Δ	Έ	Ν	Α	Χ
Δ	Ώ	Δ	Ε	Κ	Α	Ρ	Ω	Κ	Ε	Δ	Ν	Λ	Ρ
Ε	Ε	Δ	Έ	Κ	Α	Ο	Δ	Α	Κ	Ε	Δ	Τ	Π
Κ	Ν	Κ	Ε	Π	Τ	Ά	Ύ	Ε	Α	Κ	Ε	Ί	Ε
Α	Ν	Μ	Α	Κ	Ξ	Ν	Ο	Π	Ο	Α	Κ	Τ	Ρ
Ε	Έ	Ρ	Δ	Έ	Α	Μ	Δ	Τ	Κ	Τ	Α	Έ	Ψ
Ν	Α	Ν	Ε	Τ	Ξ	Π	Ε	Ά	Τ	Ρ	Σ	Ν
Ν	Ε	Ί	Κ	Ο	Σ	Ι	Έ	Ψ	Ώ	Ί	Έ	Σ	Σ
Έ	Ψ	Υ	Α	Ο	Κ	Τ	Ώ	Ν	Μ	Α	Σ	Ε	Σ
Α	Χ	Β	Δ	Ω	Έ	Ξ	Σ	Ξ	Τ	Δ	Σ	Ρ	Λ
Α	Ι	Χ	Ι	Ε	Χ	Υ	Ο	Η	Δ	Ε	Ε	Α	Ι
Η	Ω	Α	Κ	Λ	Ι	Α	Β	Ρ	Ε	Α	Ρ	Γ	Ι
Σ	Β	Λ	Ό	Ω	Έ	Ί	Γ	Δ	Ι	Α	Α	Δ	Γ

ΔΕΚΑΔΙΚΌ
ΟΚΤΏ
ΔΕΚΑΟΚΤΏ
ΔΕΚΑΠΈΝΤΕ
ΠΈΝΤΕ
ΤΈΣΣΕΡΑ
ΔΕΚΑΤΈΣΣΕΡΑ
ΕΝΝΈΑ
ΔΕΚΑΕΝΝΈΑ
ΈΝΑ

ΕΠΤΆ
ΔΕΚΑΕΠΤΆ
ΈΞΙ
ΔΕΚΑΈΞΙ
ΔΈΚΑ
ΔΕΚΑΤΡΊΑ
ΤΡΊΑ
ΔΏΔΕΚΑ
ΕΊΚΟΣΙ
ΔΎΟ

15 - Spices

Έ	Ρ	Ί	Ξ	Ί	Ί	Κ	Ά	Ρ	Υ	Μ	Μ	Κ	Γ
Λ	Ρ	Υ	Π	Ά	Π	Ρ	Ι	Κ	Α	Ά	Ο	Ρ	Λ
Γ	Π	Σ	Ν	Π	Γ	Ε	Π	Ά	Κ	Ρ	Σ	Ο	Υ
Τ	Λ	Ί	Ν	Ξ	Ε	Μ	Ι	Ρ	Ύ	Α	Χ	Κ	Κ
Β	Ζ	Υ	Μ	Ε	Ύ	Μ	Π	Δ	Μ	Θ	Ο	Ο	Ά
Γ	Ψ	Ί	Κ	Ι	Σ	Ύ	Έ	Α	Ι	Ο	Κ	Σ	Ν
Ψ	Σ	Ρ	Ν	Ό	Η	Δ	Ρ	Μ	Ν	Ρ	Ά	Τ	Ι
Μ	Σ	Γ	Χ	Τ	Ρ	Ι	Ι	Ο	Ο	Ι	Ρ	Ε	Σ
Σ	Έ	Ε	Π	Λ	Ζ	Ι	Γ	Μ	Π	Ρ	Υ	Α	Ο
Κ	Α	Ν	Έ	Λ	Α	Ε	Ζ	Λ	Λ	Π	Δ	Λ	Ί
Ό	Μ	Χ	Λ	Γ	Ν	Γ	Ρ	Α	Υ	Ι	Ο	Ά	Υ
Ρ	Γ	Α	Ρ	Ύ	Φ	Α	Λ	Λ	Ο	Κ	Π	Τ	Η
Δ	Β	Α	Ν	Ί	Λ	Ι	Α	Μ	Έ	Ρ	Ό	Ι	Υ
Ο	Ρ	Β	Μ	Ε	Λ	Τ	Γ	Ε	Ξ	Ή	Ι	Ί	Έ

ΓΛΥΚΆΝΙΣΟ
ΠΙΚΡΉ
ΚΆΡΔΑΜΟ
ΚΑΝΈΛΑ
ΓΑΡΎΦΑΛΛΟ
ΚΎΜΙΝΟ
ΚΆΡΥ
ΜΆΡΑΘΟ
ΓΕΎΣΗ
ΣΚΌΡΔΟ

ΤΖΊΝΤΖΕΡ
ΓΛΥΚΌΡΙΖΑ
ΜΟΣΧΟΚΆΡΥΔΟ
ΚΡΕΜΜΎΔΙ
ΠΆΠΡΙΚΑ
ΠΙΠΈΡΙ
ΚΡΟΚΟΣ
ΑΛΆΤΙ
ΓΛΥΚΌ
ΒΑΝΊΛΙΑ

16 - Mammals

```
Τ Ί Ί Γ Υ Γ Έ Α Έ Π Κ Ε Κ Κ
Μ Α Ϊ Μ Ο Ύ Ά Λ Ο Γ Ο Λ Α Α
Ξ Ψ Ξ Α Ψ Ρ Χ Τ Έ Ι Υ Έ Γ Μ
Α Ρ Κ Ο Ύ Δ Α Ν Α Α Ν Φ Κ Η
Λ Φ Ά Λ Α Ι Ν Α Π Η Έ Α Ο Λ
Ε Λ Ι Ο Ν Τ Ά Ρ Ι Τ Λ Ν Υ Ο
Π Δ Ί Ο Δ Ε Λ Φ Ί Ν Ι Τ Ρ Π
Ο Ρ Κ Ά Σ Τ Ο Ρ Α Σ Κ Α Ό Ά
Ύ Ρ Ό Τ Β Μ Λ Β Χ Κ Ο Σ Β Ρ
Γ Γ Ι Β Α Σ Β Λ Δ Ύ Γ Ω Ι Δ
Ζ Έ Β Ρ Α Ύ Ά Ύ Ν Λ Ι Α Μ Α
Τ Μ Ι Σ Δ Τ Ρ Κ Έ Ο Ό Π Ί Λ
Π Ξ Ξ Γ Ί Ψ Ο Ο Τ Σ Τ Ψ Ε Η
Γ Ο Ρ Ί Λ Α Σ Σ Σ Ε Ε Μ Ρ Μ
```

ΑΡΚΟΎΔΑ
ΚΆΣΤΟΡΑΣ
ΤΑΎΡΟΣ
ΓΆΤΑ
ΚΟΓΙΌΤ
ΣΚΎΛΟΣ
ΔΕΛΦΊΝΙ
ΕΛΈΦΑΝΤΑΣ
ΑΛΕΠΟΎ
ΚΑΜΗΛΟΠΆΡΔΑΛΗ

ΓΟΡΊΛΑΣ
ΆΛΟΓΟ
ΚΑΓΚΟΥΡΌ
ΛΙΟΝΤΆΡΙ
ΜΑΪΜΟΎ
ΚΟΥΝΈΛΙ
ΠΡΌΒΑTO
ΦΆΛΑΙΝΑ
ΛΎΚΟΣ
ΖΈΒΡΑ

17 - Fishing

```
Ν Υ Ί Ο Λ Υ Π Ε Ρ Β Ο Λ Ή Ι
Π Δ Ι Λ Υ Σ Π Γ Ο Έ Χ Ί Έ Μ
Β Ρ Ά Γ Χ Ι Α Ν Ε Ρ Ό Μ Ι Ω
Η Δ Ω Δ Έ Γ Ρ Ω Ί Ξ Υ Ν Ν Κ
Ά Ρ Β Ο Ο Ε Α Ω Σ Έ Α Η Έ Ε
Π Γ Β Ά Χ Π Λ Χ Δ Ό Λ Ω Μ Α
Ζ Ο Κ Μ Ρ Π Ί Ν Ε Π Ο Χ Ή Ν
Υ Σ Τ Ι Η Κ Α Λ Ά Θ Ι Ρ Ψ Ό
Γ Ύ Η Α Σ Σ Α Ψ Υ Ξ Ι Γ Ψ Σ
Ί Ρ Έ Α Μ Τ Υ Π Ο Μ Ο Ν Ή Α
Ζ Μ Λ Β Ν Ό Ρ Η Έ Υ Τ Ε Ω Γ
Ω Α Ο Ί Υ Ί Σ Ο Γ Ί Β Ο Μ Ό
Ε Ξ Ο Π Λ Ι Σ Μ Ό Σ Χ Ν Ρ Ν
Π Τ Ε Ρ Ύ Γ Ι Α Ψ Ο Τ Ε Η Ι
```

ΔΌΛΩΜΑ   ΣΑΓΌΝΙ
ΚΑΛΆΘΙ   ΛΊΜΝΗ
ΠΑΡΑΛΊΑ   ΩΚΕΑΝΌΣ
ΒΆΡΚΑ   ΥΠΟΜΟΝΉ
ΕΞΟΠΛΙΣΜΌΣ   ΠΟΤΑΜΌΣ
ΥΠΕΡΒΟΛΉ   ΕΠΟΧΉ
ΠΤΕΡΎΓΙΑ   ΝΕΡΌ
ΒΡΆΓΧΙΑ   ΖΥΓΊΖΩ
ΆΓΚΙΣΤΡΟ   ΣΎΡΜΑ

18 - Restaurant #1

Μ	Τ	Ο	Σ	Λ	Υ	Ο	Ξ	Γ	Μ	Κ	Ε	Σ	Α
Ε	Έ	Χ	Ξ	Ά	Π	Έ	Λ	Μ	Α	Ο	Π	Υ	Λ
Ν	Σ	Μ	Ι	Π	Λ	Ω	Ν	Ψ	Χ	Υ	Ι	Σ	Λ
Υ	Σ	Ψ	Χ	Δ	Ά	Τ	Ω	Δ	Α	Ζ	Δ	Τ	Ε
Γ	Α	Δ	Ω	Ω	Κ	Ε	Σ	Ε	Ί	Ί	Ό	Α	Ρ
Ε	Ν	Ω	Ί	Μ	Α	Ξ	Ω	Α	Ρ	Ν	Ρ	Τ	Γ
Κ	Ο	Τ	Ό	Π	Ο	Υ	Λ	Ο	Ι	Α	Π	Ι	Ί
Κ	Α	Φ	Έ	Ο	Τ	Ί	Ω	Ν	Τ	Κ	Ι	Κ	Α
Ί	Ρ	Ξ	Υ	Λ	Η	Ρ	Γ	Ρ	Ο	Ρ	Ο	Ά	Ω
Λ	Γ	Έ	Έ	Ί	Δ	Ξ	Ο	Λ	Γ	Ά	Γ	Π	Ε
Λ	Ψ	Έ	Α	Ξ	Έ	Λ	Ο	Φ	Λ	Τ	Ι	Χ	Δ
Γ	Ω	Ρ	Υ	Σ	Ψ	Β	Ω	Α	Ή	Η	Σ	Υ	Ω
Ρ	Μ	Ε	Ν	Ο	Ύ	Ν	Δ	Ρ	Ρ	Σ	Ί	Έ	Ν
Ρ	Ί	Υ	Ν	Γ	Ι	Ν	Ε	Μ	Υ	Η	Α	Λ	Ο

ΑΛΛΕΡΓΊΑ
ΜΠΟΛ
ΨΩΜΊ
ΚΟΤΌΠΟΥΛΟ
ΚΑΦΈ
ΕΠΙΔΌΡΠΙΟ
ΤΡΟΦΉ
ΣΥΣΤΑΤΙΚΆ

ΚΟΥΖΊΝΑ
ΜΑΧΑΊΡΙ
ΚΡΈΑΣ
ΜΕΝΟΎ
ΠΛΆΚΑ
ΚΡΆΤΗΣΗ
ΣΆΛΤΣΑ

19 - Bees

```
Π Β Ν Τ Κ Φ Τ Ε Ρ Ά Σ Κ Π Λ
Ο Ν Χ Σ Λ Α Γ Ί Σ Ν Φ Υ Χ Ο
Ι Η Ν Μ Χ Ί Π Υ Δ Θ Ρ Ψ Έ Υ
Κ Ρ Η Ή Ε Α Κ Ν Υ Ο Ο Έ Ν Λ
Ι Ο Ξ Ν Σ Λ Ή Μ Ί Σ Ύ Λ Τ Ο
Λ Τ Ρ Ο Φ Ή Π Λ Μ Ζ Τ Η Ο Ύ
Ί Γ Μ Σ Σ Τ Ο Έ Ι Α Ο Ξ Μ Δ
Α Ί Μ Έ Ί Ί Σ Σ Π Ο Ω Υ Ο Ι
Β Α Σ Ί Λ Ι Σ Σ Α Γ Σ Δ Ν Α
Ι Ψ Λ Ρ Δ Ι Υ Φ Υ Τ Ά Λ Υ Γ
Ο Ι Κ Ο Σ Ύ Σ Τ Η Μ Α Κ Α Ψ
Ε Υ Ε Ρ Γ Ε Τ Ι Κ Ή Γ Ε Ο Β
Η Τ Ε Ι Γ Ύ Ρ Η Β Ω Ε Ρ Ξ Υ
Σ Ε Ω Π Α Μ Λ Λ Β Χ Ψ Ί Μ Σ
```

ΕΥΕΡΓΕΤΙΚΉ
ΆΝΘΟΣ
ΠΟΙΚΙΛΊΑ
ΟΙΚΟΣΎΣΤΗΜΑ
ΛΟΥΛΟΎΔΙΑ
ΤΡΟΦΉ
ΦΡΟΎΤΟ
ΚΉΠΟΣ
ΚΥΨΈΛΗ
ΜΈΛΙ

ΈΝΤΟΜΟ
ΦΥΤΆ
ΓΎΡΗ
ΒΑΣΊΛΙΣΣΑ
ΚΑΠΝΊΖΟΥΝ
ΉΛΙΟΣ
ΣΜΉΝΟΣ
ΚΕΡΊ
ΦΤΕΡΆ

20 - Sports

Λ	Χ	Σ	Π	Α	Ι	Χ	Ν	Ί	Δ	Ι	Γ	Κ	Γ
Ο	Ό	Ε	Τ	Π	Θ	Η	Π	Λ	Ο	Γ	Υ	Ί	Υ
Ρ	Κ	Ο	Ι	Ά	Ρ	Λ	Ι	Έ	Ί	Ο	Μ	Ν	Μ
Σ	Ε	Μ	Ω	Ω	Δ	Ω	Η	Ν	Λ	Γ	Ν	Η	Ν
Ι	Ϊ	Ά	Ι	Ε	Ο	Ι	Τ	Τ	Υ	Ψ	Ά	Σ	Α
Μ	Π	Δ	Ε	Ο	Ω	Σ	Ο	Ά	Ή	Ξ	Σ	Η	Σ
Δ	Ι	Α	Ι	Τ	Η	Τ	Ή	Σ	Θ	Σ	Ι	Υ	Τ
Μ	Π	Ά	Σ	Κ	Ε	Τ	Π	Μ	Η	Λ	Ο	Τ	Ι
Μ	Π	Έ	Ι	Ζ	Μ	Π	Ο	Λ	Υ	Δ	Η	Ξ	Κ
Μ	Η	Σ	Ο	Χ	Έ	Γ	Κ	Ο	Λ	Φ	Υ	Μ	Ή
Τ	Έ	Ν	Ι	Σ	Π	Ο	Δ	Ή	Λ	Α	Τ	Ο	Α
Χ	Π	Ρ	Ο	Π	Ο	Ν	Η	Τ	Ή	Σ	Ψ	Ω	Ί
Π	Α	Ί	Κ	Τ	Η	Ν	Ι	Κ	Η	Τ	Ή	Σ	Ν
Ω	Τ	Β	Ρ	Ξ	Γ	Χ	Β	Η	Ω	Ν	Ι	Α	Ξ

ΑΘΛΗΤΉΣ
ΜΠΈΙΖΜΠΟΛ
ΜΠΆΣΚΕΤ
ΠΟΔΉΛΑΤΟ
ΠΡΩΤΆΘΛΗΜΑ
ΠΡΟΠΟΝΗΤΉΣ
ΠΑΙΧΝΊΔΙ
ΓΚΟΛΦ
ΓΥΜΝΆΣΙΟ
ΓΥΜΝΑΣΤΙΚΉ
ΧΌΚΕΪ
ΚΊΝΗΣΗ
ΠΑΊΚΤΗ
ΔΙΑΙΤΗΤΉΣ
ΣΤΆΔΙΟ
ΟΜΆΔΑ
ΤΈΝΙΣ
ΝΙΚΗΤΉΣ

21 - Weather

Χ	Θ	Ε	Ρ	Μ	Ο	Κ	Ρ	Α	Σ	Ί	Α	Η	Σ
Γ	Ί	Η	Ε	Έ	Τ	Ρ	Ο	Π	Ι	Κ	Ή	Π	Μ
Κ	Π	Ο	Λ	Ι	Κ	Ή	Ί	Β	Χ	Ψ	Α	Ά	Χ
Α	Ρ	Η	Υ	Ί	Μ	Ξ	Η	Ρ	Ό	Ί	Π	Γ	Π
Τ	Τ	Ο	Υ	Ρ	Ά	Ν	Ι	Ο	Τ	Ό	Ξ	Ο	Μ
Α	Ν	Μ	Ε	Έ	Ι	Ε	Ά	Ν	Ε	Μ	Ο	Σ	Ο
Ι	Ξ	Π	Ό	Τ	Υ	Κ	Ί	Τ	Π	Ρ	Γ	Τ	Υ
Γ	Ψ	Ξ	Δ	Σ	Τ	Ί	Α	Ή	Χ	Ρ	Π	Γ	Σ
Ί	Ν	Ν	Α	Μ	Φ	Σ	Ύ	Ν	Ν	Ε	Φ	Ο	Ώ
Δ	Σ	Κ	Λ	Ί	Μ	Α	Η	Ψ	Α	Ψ	Ρ	Ω	Ν
Α	Ε	Ρ	Ά	Κ	Ι	Ψ	Ι	Ί	Ί	Σ	Α	Π	Α
Ο	Ο	Υ	Ρ	Α	Ν	Ό	Σ	Ρ	Β	Λ	Ι	Ρ	Σ
Η	Ρ	Ε	Μ	Ί	Α	Ξ	Η	Ρ	Α	Σ	Ί	Α	Χ
Ο	Μ	Ί	Χ	Λ	Η	Α	Σ	Τ	Ρ	Α	Π	Ή	Μ

ΑΤΜΌΣΦΑΙΡΑ
ΑΕΡΆΚΙ
ΗΡΕΜΊΑ
ΚΛΊΜΑ
ΣΎΝΝΕΦΟ
ΞΗΡΑΣΊΑ
ΞΗΡΌ
ΟΜΊΧΛΗ
ΧΙΟΥΡΙΚΑΝΑΣ
ΠΆΓΟΣ

ΑΣΤΡΑΠΉ
ΜΟΥΣΏΝΑΣ
ΠΟΛΙΚΉ
ΟΥΡΆΝΙΟ ΤΌΞΟ
ΟΥΡΑΝΌΣ
ΚΑΤΑΙΓΊΔΑ
ΘΕΡΜΟΚΡΑΣΊΑ
ΒΡΟΝΤΉ
ΤΡΟΠΙΚΉ
ΆΝΕΜΟΣ

22 - Adventure

Γ	Π	Λ	Ο	Ή	Γ	Η	Σ	Η	Ψ	Ο	Ε	Έ	Φ
Ω	Ε	Κ	Δ	Ρ	Ο	Μ	Ή	Λ	Σ	Α	Ν	Ε	Ύ
Δ	Ε	Ν	Δ	Ρ	Μ	Ρ	Ξ	Ί	Χ	Α	Ρ	Ά	Σ
Τ	Υ	Ο	Ν	Δ	Υ	Σ	Κ	Ο	Λ	Ί	Α	Δ	Η
Π	Κ	Μ	Ψ	Α	Σ	Φ	Ά	Λ	Ε	Ι	Α	Ρ	Τ
Ρ	Α	Ο	Ε	Π	Ι	Κ	Ί	Ν	Δ	Υ	Ν	Ο	Α
Ο	Ι	Ρ	Ε	Μ	Η	Ό	Ξ	Σ	Ι	Μ	Ν	Μ	Ξ
Ο	Ρ	Φ	Α	Γ	Π	Ξ	Τ	Ρ	Χ	Έ	Γ	Ο	Ί
Ρ	Ί	Ι	Τ	Σ	Ε	Η	Τ	Η	Σ	Ο	Ρ	Λ	Δ
Ι	Α	Ά	Έ	Β	Κ	Σ	Έ	Π	Τ	Τ	Ν	Ό	Ι
Σ	Τ	Ι	Ι	Υ	Ψ	Ε	Σ	Α	Ε	Α	Ί	Γ	Μ
Μ	Ν	Έ	Α	Β	Ο	Γ	Υ	Φ	Ί	Λ	Ο	Ι	Ί
Ό	Ψ	Γ	Ν	Μ	Σ	Β	Α	Ή	Ε	Ί	Γ	Ο	Ρ
Σ	Δ	Ρ	Α	Σ	Τ	Η	Ρ	Ι	Ό	Τ	Η	Τ	Α

ΔΡΑΣΤΗΡΙΌΤΗΤΑ   ΔΡΟΜΟΛΌΓΙΟ
ΟΜΟΡΦΙΆ   ΧΑΡΆ
ΓΕΝΝΑΙΌΤΗΤΑ   ΦΎΣΗ
ΕΥΚΑΙΡΊΑ   ΠΛΟΉΓΗΣΗ
ΕΠΙΚΊΝΔΥΝΟ   ΝΈΑ
ΠΡΟΟΡΙΣΜΌΣ   ΠΑΡΑΣΚΕΥΉ
ΔΥΣΚΟΛΊΑ   ΑΣΦΆΛΕΙΑ
ΕΚΔΡΟΜΉ   ΤΑΞΊΔΙ
ΦΊΛΟΙ

23 - Circus

Π	Έ	Δ	Ψ	Ε	Ί	Ζ	Ι	Δ	Η	Ξ	Ε	Μ	Δ
Κ	Ό	Λ	Π	Ο	Θ	Χ	Ώ	Δ	Ψ	Ψ	Γ	Ο	Ι
Ρ	Ω	Μ	Ε	Σ	Ε	Υ	Δ	Α	Τ	Ψ	Β	Υ	Α
Σ	Ν	Χ	Ω	Π	Α	Ρ	Έ	Λ	Α	Σ	Η	Σ	Σ
Κ	Ε	Ι	Σ	Ι	Τ	Ή	Ρ	Ι	Ο	Ο	Δ	Ι	Κ
Ζ	Α	Ι	Ο	Δ	Ή	Κ	Λ	Ό	Ο	Υ	Ν	Κ	Ε
Μ	Ο	Ρ	Ο	Ω	Σ	Τ	Ί	Γ	Ρ	Η	Ι	Ή	Δ
Α	Μ	Γ	Α	Ε	Λ	Έ	Φ	Α	Ν	Τ	Α	Σ	Ά
Ϊ	Α	Σ	Κ	Μ	Κ	Ο	Σ	Τ	Ο	Ύ	Μ	Ι	Σ
Μ	Γ	Κ	Έ	Λ	Έ	Α	Ί	Ί	Ε	Γ	Ά	Ο	Ε
Ο	Ε	Η	Ω	Η	Έ	Λ	Π	Χ	Ρ	Ξ	Γ	Ψ	Ι
Ύ	Ί	Ν	Ί	Τ	Ω	Ρ	Α	Β	Υ	Υ	Ο	Δ	Ω
Ε	Α	Ή	Λ	Ι	Ο	Ν	Τ	Ά	Ρ	Ι	Σ	Έ	Μ
Ι	Μ	Α	Κ	Ρ	Ο	Β	Ά	Τ	Η	Σ	Γ	Π	Π

ΑΚΡΟΒΆΤΗΣ
ΖΏΑ
ΚΑΡΑΜΈΛΑ
ΚΛΌΟΥΝ
ΚΟΣΤΟΎΜΙ
ΕΛΈΦΑΝΤΑΣ
ΔΙΑΣΚΕΔΆΣΕΙ
ΖΟΓΚΛΈΡ
ΛΙΟΝΤΆΡΙ
ΜΑΓΕΊΑ

ΜΆΓΟΣ
ΜΑΪΜΟΎ
ΜΟΥΣΙΚΉ
ΠΑΡΈΛΑΣΗ
ΘΕΑΤΉΣ
ΣΚΗΝΉ
ΕΙΣΙΤΉΡΙΟ
ΤΊΓΡΗ
ΚΌΛΠΟ

24 - Restaurant #2

Κ	Ε	Ρ	Ξ	Λ	Ψ	Α	Η	Χ	Ξ	Ο	Σ	Έ
Ε	Α	Υ	Γ	Α	Ρ	Α	Λ	Α	Ζ	Ά	Ν	Ι	Α
Σ	Χ	Ρ	Ρ	Ω	Ι	Η	Χ	Γ	Π	Υ	Έ	Ρ	Τ
Ο	Α	Π	Έ	Η	Α	Τ	Κ	Α	Κ	Έ	Ι	Κ	Π
Π	Μ	Λ	Ψ	Κ	Ω	Π	Ο	Σ	Ν	Π	Ο	Ψ	Ο
Υ	Π	Ε	Ά	Ο	Λ	Ί	Υ	Ν	Ό	Ι	Ο	Ο	Τ
Δ	Α	Υ	Ρ	Τ	Χ	Α	Τ	Α	Σ	Ρ	Κ	Π	Ό
Ε	Χ	Φ	Ι	Ε	Α	Έ	Ά	Ψ	Τ	Ο	Τ	Ά	Τ
Ί	Α	Ρ	Ε	Μ	Ρ	Υ	Λ	Ί	Ι	Ύ	Α	Γ	Η
Π	Ρ	Ο	Έ	Ν	Ί	Α	Ι	Ί	Μ	Ν	Λ	Ο	Ω
Ν	Ι	Ύ	Γ	Ε	Ύ	Μ	Α	Β	Ο	Ι	Ά	Σ	Ί
Ο	Κ	Τ	Τ	Ρ	Τ	Γ	Π	Ν	Λ	Ι	Τ	Γ	Ί
Ε	Ό	Ο	Δ	Ό	Υ	Τ	Δ	Ν	Ρ	Α	Ι	Β	Γ
Σ	Ε	Ρ	Β	Ι	Τ	Ό	Ρ	Ο	Σ	Ο	Ύ	Π	Α

ΠΟΤΌ
ΚΈΙΚ
ΚΑΡΈΚΛΑ
ΝΌΣΤΙΜΟ
ΔΕΊΠΝΟ
ΑΥΓΑ
ΨΆΡΙ
ΠΙΡΟΎΝΙ
ΦΡΟΎΤΟ
ΠΆΓΟΣ

ΓΕΎΜΑ
ΛΑΖΆΝΙΑ
ΣΑΛΆΤΑ
ΑΛΆΤΙ
ΣΟΎΠΑ
ΜΠΑΧΑΡΙΚΌ
ΚΟΥΤΆΛΙ
ΛΑΧΑΝΙΚΆ
ΣΕΡΒΙΤΌΡΟΣ
ΝΕΡΌ

25 - Geology

Ψ	Έ	Λ	Ο	Α	Π	Π	Ν	Κ	Ρ	Π	Χ	Ί
Σ	Ι	Σ	Λ	Ρ	Ρ	Η	Π	Τ	Ο	Π	Έ	Α	Ε
Ε	Β	Α	Σ	Ι	Υ	Δ	Υ	Η	Ρ	Χ	Τ	Λ	Έ
Ι	Λ	Σ	Π	Α	Ω	Κ	Ε	Η	Ά	Β	Ρ	Α	Γ
Σ	Η	Β	Ή	Π	Ψ	Μ	Τ	Χ	Λ	Γ	Α	Ζ	Ο
Μ	Δ	Έ	Λ	Ο	Ι	Μ	Έ	Ά	Λ	Ο	Γ	Ί	Ρ
Ό	Ι	Σ	Α	Λ	Ά	Τ	Ι	Ν	Ι	Ξ	Ξ	Α	Ο
Σ	Ά	Τ	Ι	Ί	Λ	Έ	Ω	Υ	Ο	Ι	Μ	Ύ	Π
Τ	Β	Ι	Ο	Θ	Ή	Π	Ε	Ι	Ρ	Ο	Σ	Ι	Έ
Ρ	Ρ	Ο	Υ	Ω	Γ	Έ	Γ	Η	Λ	Ί	Ξ	Γ	Δ
Ώ	Ω	Ν	Ν	Μ	Ε	Τ	Ρ	Τ	Λ	Σ	Έ	Ξ	Ι
Μ	Σ	Σ	Τ	Α	Λ	Α	Κ	Τ	Ί	Τ	Η	Σ	Ο
Α	Η	Υ	Ξ	Χ	Ί	Ψ	Ξ	Ξ	Η	Λ	Ά	Β	Α
Σ	Τ	Α	Λ	Α	Γ	Μ	Ι	Τ	Ε	Σ	Ε	Χ	Ο

ΟΞΎ
ΑΣΒΈΣΤΙΟ
ΣΠΉΛΑΙΟ
ΉΠΕΙΡΟΣ
ΚΟΡΆΛΛΙ
ΣΕΙΣΜΌΣ
ΔΙΆΒΡΩΣΗ
ΑΠΟΛΊΘΩΜΑ
ΛΆΒΑ

ΣΤΡΏΜΑ
ΟΡΥΚΤΆ
ΛΙΩΜΈΝΟ
ΟΡΟΠΈΔΙΟ
ΧΑΛΑΖΊΑ
ΑΛΆΤΙ
ΣΤΑΛΑΚΤΊΤΗΣ
ΣΤΑΛΑΓΜΙΤΕΣ
ΠΈΤΡΑ

26 - House

```
Ψ Ι Β Τ Κ Σ Κ Ο Ύ Π Α Ξ Γ Η
Ν Σ Δ Λ Τ Ο Ί Χ Ο Σ Α Υ Β Η
Τ Δ Ν Ν Ω Φ Υ Δ Ω Μ Ά Τ Ι Ο
Ο Τ Μ Χ Υ Ί Φ Ρ Α Κ Τ Η Σ Κ
Υ Έ Υ Ι Η Τ Ψ Σ Τ Έ Γ Η Ο Α
Σ Π Ό Ρ Τ Α Ι Ω Ι Ί Υ Τ Ί Θ
Β Ι Β Λ Ι Ο Θ Ή Κ Η Ν Π Ι Ρ
Ε Π Κ Λ Ε Ι Δ Ι Ά Ή Γ Α Ο Ε
Ε Λ Ο Ά Τ Γ Α Τ Ί Σ Π Ψ Ν Φ
Ο Α Υ Μ Λ Κ Χ Ρ Λ Α Ρ Ο Σ Τ
Β Ω Ζ Π Γ Α Π Ά Τ Ω Μ Α Σ Η
Ι Ξ Ί Α Σ Ρ Έ Ω Τ Ί Α Ξ Ρ Σ
Τ Ξ Ν Ε Ω Ά Π Α Ρ Ά Θ Υ Ρ Ο
Έ Ν Α Ω Τ Ζ Ά Κ Ι Τ Ν Α Χ Β
```

ΣΟΦΊΤΑ
ΣΚΟΎΠΑ
ΚΟΥΡΤΊΝΑ
ΠΌΡΤΑ
ΦΡΑΚΤΗΣ
ΤΖΆΚΙ
ΠΆΤΩΜΑ
ΈΠΙΠΛΑ
ΓΚΑΡΆΖ
ΚΉΠΟΣ

ΚΛΕΙΔΙΆ
ΚΟΥΖΊΝΑ
ΛΆΜΠΑ
ΒΙΒΛΙΟΘΉΚΗ
ΚΑΘΡΕΦΤΗΣ
ΣΤΈΓΗ
ΔΩΜΆΤΙΟ
ΝΤΟΥΣ
ΤΟΊΧΟΣ
ΠΑΡΆΘΥΡΟ

27 - Comedy

Ο	Τ	Υ	Δ	Β	Ι	Ψ	Θ	Έ	Α	Τ	Ρ	Ο	Ί
Κ	Η	Θ	Ο	Π	Ο	Ι	Ό	Σ	Κ	Ε	Ξ	Σ	Ν
Φ	Λ	Α	Σ	Τ	Ε	Ί	Α	Χ	Ρ	Ί	Γ	Χ	Υ
Ο	Ε	Ό	Ε	Λ	Λ	Ε	Χ	Ι	Ο	Ύ	Μ	Ο	Ρ
Ρ	Ό	Α	Ο	Ί	Η	Ρ	Η	Λ	Α	Ξ	Α	Π	Σ
Έ	Ρ	Σ	Μ	Υ	Δ	Ρ	Ρ	Ω	Τ	Ψ	Ο	Α	Ψ
Α	Α	Τ	Λ	Ε	Ν	Ο	Σ	Σ	Ή	Τ	Υ	Ρ	Ω
Σ	Σ	Ε	Ξ	Λ	Ξ	Ω	Σ	Π	Ρ	Χ	Ξ	Ω	Υ
Π	Η	Ί	Β	Β	Ε	Γ	Έ	Λ	Ι	Ο	Ι	Δ	Π
Ξ	Μ	Ο	Ξ	Α	Γ	Σ	Ν	Ο	Ο	Ν	Ω	Ί	Π
Χ	Ε	Ι	Ρ	Ο	Κ	Ρ	Ό	Τ	Η	Μ	Α	Α	Έ
Ε	Κ	Φ	Ρ	Α	Σ	Τ	Ι	Κ	Ή	Λ	Υ	Ξ	Γ
Δ	Ι	Α	Σ	Κ	Έ	Δ	Α	Σ	Η	Ο	Χ	Ρ	Β
Ι	Τ	Ι	Λ	Β	Γ	Η	Ε	Ί	Ε	Ν	Η	Μ	Π

ΦΟΡΈΑΣ
ΗΘΟΠΟΙΌΣ
ΧΕΙΡΟΚΡΌΤΗΜΑ
ΑΚΡΟΑΤΉΡΙΟ
ΚΛΌΟΥΝ
ΕΚΦΡΑΣΤΙΚΉ
ΔΙΑΣΚΈΔΑΣΗ
ΑΣΤΕΊΟ

ΕΊΔΟΣ
ΧΙΟΎΜΟΡ
ΑΣΤΕΊΑ
ΓΈΛΙΟ
ΠΑΡΩΔΊΑ
ΤΗΛΕΌΡΑΣΗ
ΘΈΑΤΡΟ

28 - Bathroom

Ν	Έ	Γ	Ε	Φ	Ψ	Ψ	Ρ	Υ	Α	Β	Έ	Η	Τ
Ι	Β	Σ	Χ	Ά	Υ	Α	Υ	Ξ	Ι	Β	Ε	Λ	Ο
Σ	Υ	Μ	Β	Ρ	Π	Σ	Λ	Ο	Σ	Ι	Ό	Ν	Υ
Ν	Ξ	Γ	Π	Ω	Υ	Π	Α	Ί	Β	Ψ	Ι	Β	Α
Κ	Τ	Ψ	Ε	Μ	Σ	Ψ	Ω	Λ	Δ	Λ	Τ	Χ	Λ
Α	Χ	Η	Τ	Α	Π	Χ	Ρ	Ξ	Ί	Ι	Ο	Α	Έ
Θ	Ω	Υ	Σ	Ν	Υ	Ά	Ψ	Μ	Ε	Δ	Η	Λ	Τ
Ρ	Δ	Α	Έ	Ω	Μ	Χ	Ν	Λ	Ο	Ψ	Α	Ί	Α
Ε	Γ	Ν	Τ	Ο	Υ	Σ	Χ	Ι	Α	Τ	Μ	Ο	Ύ
Φ	Ε	Η	Α	Β	Γ	Ρ	Υ	Β	Ο	Β	Χ	Ί	Ε
Τ	Σ	Α	Μ	Π	Ο	Υ	Ά	Ν	Β	Ρ	Ύ	Σ	Η
Η	Σ	Φ	Ο	Υ	Γ	Γ	Ά	Ρ	Ι	Β	Ί	Ε	Γ
Σ	Α	Π	Ο	Ύ	Ν	Ι	Ν	Ε	Ρ	Ό	Έ	Ω	Ί
Π	Ο	Υ	Ν	Υ	Μ	Σ	Ο	Σ	Π	Ι	Δ	Β	Λ

ΜΠΆΝΙΟ
ΦΥΣΑΛΊΔΑ
ΒΡΎΣΗ
ΛΟΣΙΌΝ
ΚΑΘΡΕΦΤΗΣ
ΆΡΩΜΑ
ΧΑΛΊ
ΨΑΛΊΔΙ

ΣΑΜΠΟΥΆΝ
ΝΤΟΥΣ
ΣΑΠΟΎΝΙ
ΣΦΟΥΓΓΆΡΙ
ΑΤΜΟΎ
ΤΟΥΑΛΈΤΑ
ΠΕΤΣΈΤΑ
ΝΕΡΌ

29 - School #1

```
Μ  Β  Ν  Ξ  Σ  Α  Ί  Β  Ψ  Φ  Α  Δ  Λ  Ο
Α  Ρ  Ι  Γ  Λ  Ο  Ι  Ι  Ο  Α  Λ  Ά  Δ  Β
Θ  Χ  Κ  Β  Σ  Ψ  Χ  Β  Ξ  Κ  Φ  Σ  Ι  Σ
Η  Τ  Α  Ο  Λ  Ξ  Έ  Λ  Ψ  Ε  Ά  Κ  Α  Σ
Μ  Γ  Έ  Ψ  Υ  Ι  Μ  Ι  Φ  Λ  Β  Α  Σ  Τ
Α  Ν  Ο  Η  Ω  Ί  Α  Ο  Ί  Ο  Η  Λ  Κ  Υ
Τ  Γ  Ε  Ύ  Μ  Α  Ζ  Θ  Λ  Ι  Τ  Ο  Έ  Λ
Ι  Ρ  Έ  Λ  Δ  Ι  Β  Ή  Ο  Ύ  Ο  Σ  Δ  Ό
Κ  Α  Ρ  Έ  Κ  Λ  Α  Κ  Ι  Λ  Β  Π  Α  Ε
Ά  Φ  Δ  Α  Τ  Ά  Ξ  Η  Τ  Γ  Ι  Ι  Σ  Ξ
Η  Ε  Ψ  Ο  Π  Α  Π  Ά  Ν  Τ  Η  Σ  Η  Η
Ψ  Ί  Α  Ρ  Ι  Θ  Μ  Ο  Ί  Χ  Γ  Τ  Έ  Τ
Ι  Ο  Χ  Α  Ρ  Τ  Ί  Ξ  Ι  Δ  Έ  Ο  Λ  Χ
Ο  Ν  Ί  Β  Ε  Ξ  Ε  Τ  Ά  Σ  Ε  Ι  Σ  Μ
```

ΑΛΦΆΒΗΤΟ
ΑΠΆΝΤΗΣΗ
ΒΙΒΛΊΑ
ΚΑΡΈΚΛΑ
ΤΆΞΗ
ΓΡΑΦΕΊΟ
ΕΞΕΤΆΣΕΙΣ
ΦΆΚΕΛΟΙ
ΦΊΛΟΙ
ΔΙΑΣΚΈΔΑΣΗ
ΒΙΒΛΙΟΘΉΚΗ
ΓΕΎΜΑ
ΜΑΘΗΜΑΤΙΚΆ
ΑΡΙΘΜΟΊ
ΧΑΡΤΊ
ΜΟΛΎΒΙ
ΣΤΥΛΌ
ΚΟΥΊΖ
ΔΆΣΚΑΛΟΣ

30 - Dance

Π	Π	Σ	Π	Ί	Γ	Σ	Ω	Χ	Ψ	Ο	Α	Ε	Χ
Α	Η	Ν	Υ	Ο	Ρ	Ί	Ώ	Σ	Ι	Π	Κ	Χ	Ο
Ρ	Ε	Ψ	Ε	Γ	Λ	Ο	Ο	Μ	Ο	Τ	Α	Λ	Ρ
Α	Κ	Γ	Μ	Ξ	Κ	Ι	Χ	Σ	Α	Ι	Δ	Ρ	Ο
Δ	Λ	Τ	Υ	Ν	Ν	Ί	Τ	Π	Ψ	Κ	Η	Σ	Γ
Ο	Α	Π	Ρ	Ό	Β	Α	Ν	Ι	Λ	Ή	Μ	Τ	Ρ
Σ	Σ	Χ	Χ	Ί	Ε	Π	Μ	Η	Σ	Ρ	Ί	Ά	Α
Ι	Ι	Χ	Η	Τ	Έ	Χ	Ν	Η	Σ	Τ	Α	Σ	Φ
Α	Κ	Γ	Ί	Χ	Τ	Ά	Π	Χ	Ψ	Η	Ι	Η	Ί
Κ	Ή	Λ	Τ	Ξ	Ξ	Ρ	Υ	Θ	Μ	Ο	Ύ	Κ	Α
Ή	Σ	Λ	Π	Β	Μ	Η	Μ	Ο	Υ	Σ	Ι	Κ	Ή
Κ	Ί	Ν	Η	Σ	Η	Π	Α	Ρ	Τ	Ε	Ν	Έ	Ρ
Χ	Α	Ρ	Ο	Ύ	Μ	Ε	Ν	Ο	Ε	Χ	Μ	Ν	Δ
Ο	Ι	Ν	Ν	Ε	Κ	Φ	Ρ	Α	Σ	Τ	Ι	Κ	Ή

ΑΚΑΔΗΜΊΑ
ΤΈΧΝΗ
ΣΏΜΑ
ΧΟΡΟΓΡΑΦΊΑ
ΚΛΑΣΙΚΉ
ΠΟΛΙΤΙΣΤΙΚΉ
ΣΥΓΚΊΝΗΣΗ
ΕΚΦΡΑΣΤΙΚΉ
ΧΆΡΗ

ΧΑΡΟΎΜΕΝΟ
ΚΊΝΗΣΗ
ΜΟΥΣΙΚΉ
ΠΑΡΤΕΝΈΡ
ΣΤΆΣΗ
ΠΡΌΒΑ
ΡΥΘΜΟΎ
ΠΑΡΑΔΟΣΙΑΚΉ
ΟΠΤΙΚΉ

31 - Colors

Π	Ν	Η	Σ	Υ	Λ	Φ	Έ	Β	Έ	Τ	Λ	Π	Γ
Ψ	Ο	Ρ	Ο	Ζ	Ε	Ο	Μ	Α	Ύ	Ρ	Ο	Δ	Α
Β	Ί	Ρ	Ξ	Π	Υ	Ύ	Η	Η	Σ	Μ	Ε	Λ	Λ
Ε	Γ	Ο	Τ	Ξ	Κ	Ξ	Μ	Μ	Ξ	Ί	Λ	Κ	Ά
Σ	Ψ	Μ	Γ	Ο	Ό	Ι	Ο	Ρ	Π	Γ	Β	Ί	Ζ
Ω	Ι	Α	Γ	Η	Κ	Α	Β	Β	Μ	Ε	Κ	Τ	Ι
Χ	Λ	Δ	Ί	Β	Π	Ά	Ι	Υ	Π	Η	Ζ	Ρ	Ο
Π	Ρ	Ά	Σ	Ι	Ν	Ο	Λ	Υ	Λ	Ι	Ί	Ι	Ι
Λ	Ρ	Χ	Έ	Ο	Ε	Ψ	Ο	Ι	Ε	Ί	Τ	Ν	Ξ
Χ	Σ	Μ	Π	Λ	Ί	Χ	Υ	Ν	Ε	Ε	Α	Ο	Ξ
Ρ	Α	Υ	Ι	Ε	Ξ	Ψ	Λ	Λ	Δ	Γ	Ψ	Τ	Ο
Σ	Γ	Ρ	Α	Τ	Έ	Κ	Α	Φ	Έ	Δ	Ν	Π	Ν
Δ	Η	Ο	Ξ	Ί	Ε	Β	Κ	Υ	Α	Ν	Ό	Ν	Μ
Κ	Ό	Κ	Κ	Ι	Ν	Ο	Ί	Σ	Π	Ι	Έ	Υ	Χ

ΓΑΛΆΖΙΟ
ΜΠΕΖ
ΜΑΎΡΟ
ΜΠΛΕ
ΚΑΦΈ
ΚΥΑΝΌ
ΦΟΎΞΙΑ
ΠΡΆΣΙΝΟ
ΓΚΡΙ

ΛΟΥΛΑΚΊ
ΠΟΡΤΟΚΆΛΙ
ΡΟΖ
ΜΟΒ
ΚΌΚΚΙΝΟ
ΣΈΠΙΑ
ΒΙΟΛΕΤΊ
ΛΕΥΚΌ
ΚΊΤΡΙΝΟ

32 - Climbing

Υ	Ρ	Ε	Κ	Ά	Ν	Ο	Σ	Τ	Ε	Ν	Ό	Υ
Δ	Ύ	Ν	Α	Μ	Η	Β	Α	Ρ	Μ	Ο	Λ	Ί	Ψ
Π	Ε	Ζ	Ο	Π	Ο	Ρ	Ί	Α	Φ	Ρ	Χ	Υ	Ό
Η	Ε	Π	Σ	Ο	Ν	Ω	Υ	Μ	Υ	Σ	Σ	Ε	Μ
Γ	Τ	Ρ	Α	Υ	Μ	Α	Τ	Ι	Σ	Μ	Ό	Μ	Ε
Λ	Ι	Ι	Ι	Έ	Ξ	Μ	Α	Ν	Ι	Χ	Σ	Α	Τ
Ο	Έ	Υ	Έ	Έ	Ε	Ω	Γ	Ψ	Κ	Π	Π	Μ	Ρ
Γ	Δ	Ο	Β	Δ	Ρ	Ο	Υ	Έ	Ή	Γ	Ή	Π	Ο
Χ	Ε	Η	Γ	Α	Ο	Γ	Π	Ί	Ο	Ά	Λ	Ό	Ξ
Δ	Ά	Α	Γ	Φ	Υ	Σ	Ε	Δ	Ι	Ν	Α	Τ	Ρ
Ψ	Ί	Ρ	Ε	Ο	Π	Ο	Ι	Ι	Μ	Τ	Ι	Ε	Έ
Ο	Ν	Υ	Τ	Σ	Ί	Λ	Π	Υ	Α	Ι	Ο	Σ	Δ
Έ	Υ	Ι	Ε	Η	Γ	Ι	Γ	Ψ	Ψ	Α	Ψ	Δ	Τ
Υ	Σ	Τ	Α	Θ	Ε	Ρ	Ό	Τ	Η	Τ	Α	Ί	Δ

ΥΨΌΜΕΤΡΟ
ΜΠΌΤΕΣ
ΣΠΉΛΑΙΟ
ΠΕΡΙΈΡΓΕΙΑ
ΓΆΝΤΙΑ
ΟΔΗΓΟΊ
ΚΡΆΝΟΣ
ΠΕΖΟΠΟΡΊΑ

ΤΡΑΥΜΑΤΙΣΜΌ
ΧΆΡΤΗ
ΣΤΕΝΌ
ΦΥΣΙΚΉ
ΣΤΑΘΕΡΌΤΗΤΑ
ΔΎΝΑΜΗ
ΈΔΑΦΟΣ

33 - Shapes

```
Ψ Ξ Π Π Λ Ε Υ Ρ Ά Ί Η Π Κ Ω
Τ Ρ Ι Γ Ώ Ν Ο Υ Ω Δ Ί Λ Ύ Ρ
Π Κ Ύ Λ Ι Ν Δ Ρ Ο Σ Σ Α Κ Έ
Π Ρ Ί Σ Μ Α Ι Χ Η Ν Φ Τ Λ Λ
Ι Ν Έ Τ Ε Η Σ Έ Ρ Ι Α Ε Ο Λ
Κ Ώ Ν Ο Σ Μ Ρ Ε Γ Ω Ί Ί Σ Ε
Ύ Γ Π Υ Ρ Α Μ Ί Δ Α Ρ Α Π Ι
Β Τ Ά Π Ξ Θ Έ Σ Ω Χ Α Ν Ο Ψ
Ο Ό Κ Ε Γ Τ Ο Κ Α Μ Π Ύ Λ Η
Σ Ξ Ρ Ρ Ρ Β Β Γ Ν Γ Ο Λ Ύ Ι
Ι Ο Η Β Α Ρ Ά Ω Ώ Τ Μ Ί Γ Ξ
Π Ω Α Ο Μ Τ Λ Ν Τ Ν Β Ρ Ω Μ
Π Ξ Ξ Λ Μ Ν Β Ί Ψ Ο Ι Γ Ν Ν
Ε Η Ψ Ή Ή Λ Τ Α Η Ψ Ρ Ο Ο Χ
```

ΤΌΞΟ
ΚΎΚΛΟΣ
ΚΏΝΟΣ
ΓΩΝΊΑ
ΚΎΒΟΣ
ΚΑΜΠΎΛΗ
ΚΎΛΙΝΔΡΟΣ
ΆΚΡΗ
ΈΛΛΕΙΨΗ
ΥΠΕΡΒΟΛΉ

ΓΡΑΜΜΉ
ΟΒΆΛ
ΠΟΛΎΓΩΝΟ
ΠΡΊΣΜΑ
ΠΥΡΑΜΊΔΑ
ΟΡΘΟΓΏΝΙΟ
ΠΛΕΥΡΆ
ΣΦΑΊΡΑ
ΠΛΑΤΕΊΑ
ΤΡΙΓΏΝΟΥ

34 - Scientific Disciplines

Α	Ψ	Ψ	Α	Ω	Θ	Β	Ι	Ο	Λ	Ο	Γ	Ί	Α
Ν	Α	Έ	Σ	Γ	Ε	Ω	Λ	Ο	Γ	Ί	Α	Η	Υ
Ο	Ν	Ο	Τ	Η	Ρ	Ζ	Ω	Ο	Λ	Ο	Γ	Ί	Α
Σ	Α	Ρ	Ρ	Υ	Μ	Δ	Σ	Ρ	Έ	Τ	Τ	Ί	Ν
Ο	Τ	Υ	Ο	Χ	Ο	Ι	Κ	Ο	Λ	Ο	Γ	Ί	Α
Λ	Ο	Κ	Ν	Β	Δ	Σ	Μ	Υ	Ν	Ξ	Λ	Δ	Ω
Ο	Μ	Τ	Ο	Φ	Υ	Σ	Ι	Ο	Λ	Ο	Γ	Ί	Α
Γ	Ί	Ο	Μ	Χ	Ν	Δ	Χ	Ρ	Μ	Έ	Ο	Τ	Ω
Ί	Α	Λ	Ί	Η	Α	Μ	Η	Χ	Α	Ν	Ι	Κ	Ή
Α	Ε	Ο	Α	Μ	Μ	Ο	Π	Ψ	Η	Ν	Ν	Ω	Ι
Ω	Ί	Γ	Ψ	Ε	Ι	Β	Λ	Μ	Ι	Ω	Ν	Α	Η
Γ	Μ	Ί	Έ	Ί	Κ	Α	Υ	Η	Υ	Ο	Ί	Χ	Μ
Γ	Ο	Α	Η	Α	Ή	Β	Ο	Τ	Α	Ν	Ι	Κ	Ή
Χ	Ρ	Δ	Α	Ρ	Χ	Α	Ι	Ο	Λ	Ο	Γ	Ί	Α

ΑΝΑΤΟΜΊΑ
ΑΡΧΑΙΟΛΟΓΊΑ
ΑΣΤΡΟΝΟΜΊΑ
ΒΙΟΛΟΓΊΑ
ΒΟΤΑΝΙΚΉ
ΧΗΜΕΊΑ
ΟΙΚΟΛΟΓΊΑ

ΓΕΩΛΟΓΊΑ
ΑΝΟΣΟΛΟΓΊΑ
ΜΗΧΑΝΙΚΉ
ΟΡΥΚΤΟΛΟΓΊΑ
ΦΥΣΙΟΛΟΓΊΑ
ΘΕΡΜΟΔΥΝΑΜΙΚΉ
ΖΩΟΛΟΓΊΑ

35 - School #2

```
Μ Ο Λ Ύ Β Ι Ε Δ Ψ Α Λ Ί Δ Ι
Β Ι Β Λ Ι Ο Θ Ή Κ Η Ο Ω Ι Η
Φ Ί Λ Ο Ι Ω Γ Ω Ν Ί Γ Π Γ Μ
Λ Ε Ξ Ι Κ Ό Η Γ Ξ Σ Ο Ξ Ρ Ε
Σ Κ Ε Π Ι Σ Τ Ή Μ Η Τ Ω Α Ρ
Β Π Α Ι Χ Ν Ί Δ Ι Α Ε Χ Μ Ο
Σ Α Κ Ί Δ Ι Ο Ο Η Ί Χ Α Μ Λ
Ξ Ί Β Η Π Β Π Δ Υ Λ Ν Ρ Α Ό
Ο Δ Η Ν Έ Α Ι Γ Ί Ψ Ί Τ Τ Γ
Τ Ε Γ Ό Μ Α Ρ Β Ι Β Α Ί Ι Ι
Η Υ Ε Χ Λ Ψ Χ Ο Λ Β Β Τ Κ Ο
Ρ Σ Ω Β Ε Σ Β Δ Χ Ι Α Ο Ή Γ
Ψ Η Λ Ξ Ί Α Υ Γ Ξ Ή Α Ν Ω Η
Ν Ί Λ Υ Π Ο Λ Ο Γ Ι Σ Τ Ή Ν
```

ΣΑΚΊΔΙΟ
ΒΙΒΛΙΑ
ΗΜΕΡΟΛΌΓΙΟ
ΥΠΟΛΟΓΙΣΤΉ
ΛΕΞΙΚΌ
ΕΚΠΑΊΔΕΥΣΗ
ΓΌΜΑ
ΦΊΛΟΙ
ΠΑΙΧΝΊΔΙΑ

ΓΡΑΜΜΑΤΙΚΉ
ΒΙΒΛΙΟΘΉΚΗ
ΛΟΓΟΤΕΧΝΊΑ
ΧΑΡΤΊ
ΜΟΛΎΒΙ
ΕΠΙΣΤΉΜΗ
ΨΑΛΊΔΙ
ΠΑΡΟΧΗ

36 - Science

Χ	Υ	Ε	Τ	Υ	Έ	Β	Μ	Έ	Ρ	Φ	Ί	Φ	Π
Ι	Ο	Ξ	Π	Ι	Υ	Β	Α	Ω	Ξ	Ύ	Έ	Υ	Ε
Η	Β	Έ	Π	Χ	Β	Ί	Μ	Ρ	Ρ	Σ	Ί	Σ	Ί
Η	Κ	Λ	Ί	Μ	Α	Ν	Α	Δ	Ύ	Η	Ο	Ι	Ρ
Μ	Ε	Ι	Ψ	Α	Έ	Υ	Σ	Ε	Υ	Τ	Β	Κ	Α
Υ	Ο	Ξ	Μ	Έ	Θ	Ο	Δ	Ο	Σ	Ί	Η	Ή	Μ
Η	Π	Η	Α	Γ	Μ	Ρ	Ψ	Λ	Ι	Σ	Π	Τ	Α
Ε	Β	Ό	Ω	Τ	Γ	Υ	Χ	Η	Μ	Ι	Κ	Ή	Α
Γ	Ψ	Ο	Θ	Β	Ο	Κ	Γ	Ε	Γ	Ο	Ν	Ό	Σ
Φ	Ο	Η	Δ	Ε	Δ	Τ	Ψ	Δ	Γ	Μ	Α	Σ	Ί
Ψ	Υ	Ψ	Έ	Δ	Σ	Ά	Έ	Ν	Τ	Ό	Ο	Π	Ε
Β	Υ	Τ	Λ	Τ	Υ	Η	Ω	Ψ	Λ	Ρ	Μ	Μ	Π
Λ	Τ	Ω	Ά	Ά	Τ	Ο	Μ	Ο	Δ	Ι	Γ	Η	Α
Δ	Ε	Δ	Ο	Μ	Έ	Ν	Α	Ί	Ι	Α	Η	Ψ	Α

ΆΤΟΜΟ
ΧΗΜΙΚΉ
ΚΛΊΜΑ
ΔΕΔΟΜΈΝΑ
ΕΞΈΛΙΞΗ
ΠΕΊΡΑΜΑ
ΓΕΓΟΝΌΣ
ΒΑΡΎΤΗΤΑ

ΥΠΌΘΕΣΗ
ΜΈΘΟΔΟΣ
ΟΡΥΚΤΆ
ΜΌΡΙΑ
ΦΎΣΗ
ΦΥΣΙΚΉ
ΦΥΤΆ

37 - To Fill

```
Β Κ Ί Π Λ Χ Ο Χ Ί Ο Ρ Ξ Χ Σ
Χ Α Ρ Τ Ο Κ Ι Β Ώ Τ Ι Ο Δ Υ
Γ Λ Λ Ί Τ Ρ Η Ά Β Σ Ν Ο Β Ρ
Ε Ά Κ Ί Φ Ο Έ Ζ Ρ Έ Ο Γ Έ Τ
Τ Θ Μ Ι Τ Ά Α Ο Ν Π Β Α Ψ Ά
Η Ι Φ Ι Β Σ Κ Χ Η Η Α Ω Ί Ρ
Β Δ Ά Ι Τ Ώ Α Ε Χ Τ Ρ Ε Μ Ι
Λ Ε Κ Ά Ν Η Τ Τ Λ Κ Έ Η Π Δ
Μ Χ Ε Ο Γ Γ Ρ Ι Σ Ο Λ Π Ο Ί
Σ Ω Λ Ή Ν Α Σ Ψ Ο Υ Ι Α Υ Σ
Ρ Ο Ο Ω Τ Έ Π Ί Έ Τ Τ Κ Κ Κ
Ξ Ψ Σ Γ Λ Π Δ Β Ψ Ί Δ Έ Ά Ο
Β Η Ν Σ Α Κ Ο Ύ Λ Α Σ Τ Λ Σ
Έ Α Ι Ο Λ Ί Γ Ω Ο Ί Ρ Ο Ι Β
```

ΣΑΚΟΎΛΑ ΦΆΚΕΛΟΣ
ΒΑΡΈΛΙ ΦΆΚΕΛΟ
ΛΕΚΆΝΗ ΠΑΚΈΤΟ
ΚΑΛΆΘΙ ΤΣΈΠΗ
ΜΠΟΥΚΆΛΙ ΒΑΛΊΤΣΑ
ΚΟΥΤΊ ΔΊΣΚΟΣ
ΧΑΡΤΟΚΙΒΏΤΙΟ ΣΩΛΉΝΑΣ
ΚΙΒΏΤΙΟ ΒΆΖΟ
ΣΥΡΤΆΡΙ

38 - Summer

Θ	Α	Φ	Έ	Δ	Υ	Ο	Π	Ψ	Η	Έ	Ε	Σ	Ν
Κ	Ά	Ί	Γ	Χ	Δ	Α	Δ	Α	Τ	Χ	Έ	Π	Μ
Ή	Κ	Λ	Π	Λ	Χ	Ξ	Ω	Ν	Ρ	Α	Δ	Ί	Π
Π	Ά	Ο	Α	Χ	Υ	Μ	Β	Α	Ο	Α	Ν	Τ	Κ
Ο	Μ	Ι	Ι	Σ	Α	Β	Η	Ψ	Φ	Α	Λ	Ι	Α
Σ	Π	Ω	Χ	Α	Σ	Ρ	Ν	Υ	Ή	Σ	Ο	Ί	Τ
Π	Ι	Ί	Ν	Ν	Σ	Α	Ά	Χ	Δ	Τ	Ρ	Χ	Α
Ω	Ν	Β	Ί	Δ	Ξ	Ι	Γ	Ή	Β	Έ	Σ	Α	Δ
Ι	Γ	Έ	Δ	Ά	Τ	Ρ	Β	Ι	Ι	Ρ	Ο	Λ	Ύ
Μ	Κ	Γ	Ι	Λ	Ί	Σ	Ψ	Ω	Β	Ι	Ν	Ά	Σ
Υ	Π	Ί	Α	Ι	Π	Ω	Σ	Γ	Λ	Α	Η	Ρ	Ε
Π	Ί	Ι	Ε	Α	Μ	Ο	Υ	Σ	Ι	Κ	Ή	Ω	Ι
Ο	Ι	Κ	Ο	Γ	Έ	Ν	Ε	Ι	Α	Υ	Η	Σ	Σ
Τ	Α	Ξ	Ί	Δ	Ι	Ξ	Ρ	Δ	Ί	Χ	Έ	Η	Ρ

ΠΑΡΑΛΊΑ
ΒΙΒΛΊΑ
ΚΆΜΠΙΝΓΚ
ΚΑΤΑΔΎΣΕΙΣ
ΟΙΚΟΓΈΝΕΙΑ
ΤΡΟΦΉ
ΦΊΛΟΙ
ΠΑΙΧΝΊΔΙΑ
ΚΉΠΟΣ

ΣΠΊΤΙ
ΧΑΡΆ
ΑΝΑΨΥΧΉ
ΜΟΥΣΙΚΉ
ΧΑΛΆΡΩΣΗ
ΣΑΝΔΆΛΙΑ
ΘΆΛΑΣΣΑ
ΑΣΤΈΡΙΑ
ΤΑΞΊΔΙ

39 - Clothes

```
Π Α Π Ο Ύ Τ Σ Ι Π Η Ε Ξ Χ Κ
Φ Π Α Ν Τ Ε Λ Ό Ν Ι Ρ Ν Τ Ο
Ό Γ Π Ο Υ Λ Ό Β Ε Ρ Ι Π Τ Σ
Ρ Λ Ε Ί Π Ν Ξ Ρ Ω Ξ Λ Ψ Η Μ
Ε Β Α Π Β Ν Α Α Κ Π Ι Α Ω Ή
Μ Ό Δ Α Ν Ι Σ Χ Α Τ Ζ Ι Ν Μ
Α Π Ο Υ Κ Ά Μ Ι Σ Ο Ζ Τ Σ Α
Π Α Λ Τ Ό Ψ Ε Ό Κ Π Α Ώ Α Τ
Γ Ι Π Ο Δ Ι Ά Λ Ό Ι Έ Φ Ν Α
Ά Η Τ Ι Ύ Ν Λ Ι Λ Ο Δ Ο Δ Η
Ν Ψ Δ Ζ Γ Ζ Χ Ί Ο Χ Ω Ύ Ά Ω
Τ Έ Η Ε Ά Σ Α Κ Ά Κ Ι Σ Λ Ω
Ι Α Α Ω Η Μ Τ Γ Τ Ε Τ Τ Ι Χ
Α Ν Β Έ Ο Κ Α Π Έ Λ Ο Α Α Λ
```

ΠΟΔΙΆ
ΖΏΝΗ
ΜΠΛΟΎΖΑ
ΒΡΑΧΙΌΛΙ
ΠΑΛΤΌ
ΦΌΡΕΜΑ
ΜΌΔΑ
ΓΆΝΤΙΑ
ΚΑΠΈΛΟ
ΣΑΚΆΚΙ
ΤΖΙΝ
ΚΟΣΜΉΜΑΤΑ
ΠΙΤΖΆΜΑ
ΠΑΝΤΕΛΌΝΙ
ΣΑΝΔΆΛΙΑ
ΚΑΣΚΌΛ
ΠΟΥΚΆΜΙΣΟ
ΠΑΠΟΎΤΣΙ
ΦΟΎΣΤΑ
ΠΟΥΛΌΒΕΡ

40 - Insects

Έ	Ν	Τ	Ω	Τ	Ζ	Ι	Τ	Ζ	Ί	Κ	Ι	Π	Κ
Κ	Σ	Κ	Ν	Ί	Π	Α	Ε	Τ	Π	Β	Μ	Ε	Α
Ί	Ο	Κ	Η	Υ	Α	Κ	Ρ	Ί	Δ	Α	Ε	Τ	Τ
Ο	Σ	Υ	Ώ	Β	Ί	Χ	Μ	Μ	Ο	Έ	Λ	Α	Σ
Έ	Ί	Π	Ν	Ρ	Τ	Ω	Ί	Υ	Η	Ι	Ί	Λ	Α
Χ	Β	Ρ	Υ	Ο	Ο	Ω	Τ	Δ	Ι	Β	Γ	Ο	Ρ
Ν	Ι	Ο	Σ	Ο	Ύ	Σ	Η	Σ	Χ	Δ	Κ	Ύ	Ί
Μ	Ά	Ν	Τ	Η	Σ	Π	Σ	Κ	Φ	Δ	Ρ	Δ	Δ
Έ	Β	Ύ	Λ	Σ	Ω	Η	Ι	Α	Ω	Ή	Α	Α	Α
Λ	Ι	Μ	Έ	Π	Ω	Ι	Ω	Θ	Υ	Η	Κ	Τ	Ι
Ι	Έ	Φ	Χ	Ω	Χ	Β	Υ	Ά	Υ	Ί	Τ	Α	Γ
Σ	Δ	Η	Ί	Ι	Ε	Μ	Υ	Ρ	Μ	Ή	Γ	Κ	Ι
Σ	Δ	Ί	Ο	Έ	Ι	Υ	Ρ	Ι	Δ	Β	Η	Ω	Υ
Α	Υ	Π	Α	Ί	Θ	Ρ	Ι	Α	Τ	Έ	Ί	Δ	Ε

ΜΥΡΜΉΓΚΙ
ΜΕΛΊΓΚΡΑ
ΜΈΛΙΣΣΑ
ΣΚΑΘΆΡΙ
ΠΕΤΑΛΟΎΔΑ
ΤΖΙΤΖΊΚΙ
ΚΑΤΣΑΡΊΔΑ
ΥΠΑΊΘΡΙΑ

ΣΚΝΊΠΑ
ΑΚΡΊΔΑ
ΠΡΟΝΎΜΦΗ
ΜΆΝΤΗΣ
ΚΟΥΝΟΎΠΙ
ΣΚΏΡΟΣ
ΤΕΡΜΊΤΗΣ
ΣΦΉΚΑ

41 - Astronomy

Α	Δ	Ο	Ρ	Υ	Φ	Ο	Ρ	Ι	Κ	Ή	Β	Σ	Έ
Σ	Σ	Γ	Α	Λ	Α	Ξ	Ί	Α	Σ	Π	Ω	Ο	Μ
Τ	Υ	Τ	Α	Ω	Π	Λ	Ν	Η	Λ	Υ	Υ	Ε
Ρ	Γ	Ρ	Ε	Σ	Έ	Τ	Ί	Α	Λ	Α	Α	Π	Τ
Ο	Η	Ο	Υ	Ρ	Τ	Σ	Ψ	Ε	Ι	Ν	Κ	Ε	Έ
Ν	Έ	Υ	Ρ	Ψ	Ο	Ρ	Έ	Έ	Α	Ή	Τ	Ρ	Ω
Α	Ζ	Κ	Ο	Λ	Ρ	Ε	Ο	Μ	Κ	Τ	Ι	Ν	Ρ
Ύ	Ώ	Έ	Λ	Μ	Η	Υ	Ι	Ν	Ή	Η	Ν	Ό	Ο
Τ	Δ	Τ	Σ	Ε	Ω	Ω	Π	Δ	Ό	Σ	Ο	Β	Α
Η	Ι	Α	Π	Μ	Ι	Ξ	Ί	Γ	Ή	Μ	Β	Α	Ε
Σ	Ο	Ο	Λ	Ι	Α	Ψ	Λ	Λ	Ί	Σ	Ο	Β	Έ
Ο	Υ	Ρ	Α	Ν	Ό	Σ	Η	Η	Χ	Τ	Λ	Σ	Π
Ι	Σ	Η	Μ	Ε	Ρ	Ί	Α	Ψ	Μ	Ψ	Ί	Η	Α
Ί	Ν	Ε	Φ	Έ	Λ	Ω	Μ	Α	Χ	Ρ	Α	Ο	Ρ

ΑΣΤΕΡΟΕΙΔΉΣ
ΑΣΤΡΟΝΑΎΤΗΣ
ΑΣΤΡΟΝΌΜΟΣ
ΓΗ
ΈΚΛΕΙΨΗ
ΙΣΗΜΕΡΊΑ
ΓΑΛΑΞΊΑΣ
ΜΕΤΈΩΡΟ
ΝΕΦΈΛΩΜΑ

ΠΛΑΝΉΤΗΣ
ΑΚΤΙΝΟΒΟΛΊΑ
ΡΟΥΚΈΤΑ
ΔΟΡΥΦΟΡΙΚΉ
ΟΥΡΑΝΌΣ
ΗΛΙΑΚΉ
ΣΟΥΠΕΡΝΌΒΑ
ΖΏΔΙΟ

42 - Pirates

```
Κ Π Θ Η Σ Α Υ Ρ Ό Σ Χ Π Α Σ
Ι Α Π Κ Έ Ρ Μ Α Τ Α Ά Λ Τ Η
Ν Ρ Σ Π Α Θ Ί Α Γ Β Ρ Ή Σ Μ
Δ Α Θ Α Χ Κ Ν Η Σ Ί Τ Ρ Χ Α
Ύ Λ Ρ Π Υ Μ Ό Μ Χ Λ Η Ω Η Ί
Ν Ί Ύ Α Χ Ι Έ Ν Ρ Ο Ύ Μ Ι Α
Ο Α Λ Γ Ψ Ξ Χ Ί Η Σ Υ Α Ι Ί
Υ Μ Ο Ά Σ Π Ή Λ Α Ι Ο Λ Ί Ί
Ά Ν Σ Λ Λ Ο Χ Α Γ Ό Σ Ρ Ή Γ
Ξ Γ Γ Ο Π Ε Ρ Ι Π Έ Τ Ε Ι Α
Χ Γ Κ Σ Ι Λ Υ Χ Π Υ Ξ Ί Δ Α
Ξ Ω Χ Υ Λ Ω Σ Μ Ε Β Ψ Ο Ξ Δ
Ψ Ί Ο Ν Ρ Χ Ό Ξ Ω Τ Λ Υ Ξ Ω
Π Η Λ Ί Ν Α Σ Β Τ Δ Ω Υ Έ Ω
```

ΠΕΡΙΠΈΤΕΙΑ ΣΗΜΑΊΑ
ΆΓΚΥΡΑ ΧΡΥΣΌΣ
ΚΑΚΌ ΝΗΣΊ
ΠΑΡΑΛΊΑ ΘΡΎΛΟΣ
ΛΟΧΑΓΌΣ ΧΆΡΤΗ
ΣΠΉΛΑΙΟ ΠΑΠΑΓΆΛΟΣ
ΚΈΡΜΑΤΑ ΡΟΎΜΙ
ΠΥΞΊΔΑ ΟΥΛΉ
ΠΛΉΡΩΜΑ ΣΠΑΘΊ
ΚΙΝΔΎΝΟΥ ΘΗΣΑΥΡΌΣ

43 - Time

```
Δ Ψ Λ Χ Ν Ψ Ί Μ Ν Ε Ψ Η Σ Ο
Σ Ε Σ Ψ Έ Ρ Ο Λ Ό Ι Τ Ψ Β Ρ
Ύ Η Κ Μ Ή Ν Α Σ Ν Χ Υ Ο Α Ν
Ν Μ Λ Α Η Ύ Ξ Ί Η Δ Ψ Ρ Σ Γ
Τ Ε Ε Υ Ε Χ Χ Ο Ψ Ψ Γ Σ Ρ Μ
Ο Ρ Π Λ Τ Τ Ε Β Δ Ο Μ Ά Δ Α
Μ Ο Τ Ώ Ρ Α Ί Ο Έ Μ Έ Ο Ψ Γ
Α Λ Ό Α Ι Ώ Ν Α Σ Έ Ρ Έ Έ Υ
Ξ Ό Ο Π Ρ Ω Ί Ο Ή Λ Α Ώ Ρ Α
Τ Γ Σ Ο Γ Χ Π Γ Μ Λ Ρ Γ Ι Χ
Ί Ι Ψ Π Ξ Β Ή Δ Ε Ο Α Η Ν Π
Δ Ο Ε Τ Ή Σ Ι Α Ρ Ν Ρ Υ Β Ρ
Μ Ε Σ Η Μ Έ Ρ Ι Α Ε Β Χ Τ Ι
Τ Π Σ Ω Α Λ Σ Ν Ν Α Ι Α Χ Ν
```

ΕΤΉΣΙΑ
ΠΡΙΝ
ΗΜΕΡΟΛΌΓΙΟ
ΑΙΏΝΑΣ
ΡΟΛΌΙ
ΜΈΡΑ
ΔΕΚΑΕΤΊΑ
ΑΡΧΉ
ΜΈΛΛΟΝ
ΏΡΑ

ΛΕΠΤΌ
ΜΉΝΑΣ
ΠΡΩΊ
ΝΎΧΤΑ
ΜΕΣΗΜΈΡΙ
ΤΏΡΑ
ΣΎΝΤΟΜΑ
ΣΉΜΕΡΑ
ΕΒΔΟΜΆΔΑ
ΕΤΟΣ

44 - Buildings

```
Ε Ρ Γ Α Σ Τ Ή Ρ Ι Ο Κ Ν Ε Ι
Μ Ο Υ Σ Ε Ί Ο Ρ Χ Σ Ά Ο Ρ Μ
Ξ Ε Ν Ώ Ν Α Σ Χ Δ Ψ Σ Σ Γ Α
Ξ Ε Ν Ο Δ Ο Χ Ε Ί Ο Τ Ο Ο Χ
Δ Ψ Ο Ξ Τ Ψ Μ Ε Ι Β Ρ Κ Σ Υ
Κ Ί Ί Δ Ε Χ Ε Ο Η Ο Ο Ο Τ Ρ
Α Μ Α Γ Ρ Ό Κ Τ Η Μ Α Μ Ά Ώ
Μ Ά Ξ Μ Ω Υ Σ Κ Η Ν Ή Ε Σ Ν
Π Ρ Υ Θ Έ Α Τ Ρ Ο Β Έ Ί Ι Α
Ί Κ Έ Π Ύ Ρ Γ Ο Σ Σ Ξ Ο Ο Ν
Ν Ε Σ Τ Ά Δ Ι Ο Ω Σ Α Π Γ Τ
Α Τ Έ Ε Ρ Π Ο Σ Χ Ο Λ Ε Ί Ο
Π Ρ Ε Σ Β Ε Ί Α Μ Γ Ω Ί Η Ί
Λ Μ Λ Τ Ψ Ν Ν Β Ν Α Χ Η Ξ Τ
```

ΔΙΑΜΈΡΙΣΜΑ
ΑΧΥΡΏΝΑ
ΚΑΜΠΊΝΑ
ΚΆΣΤΡΟ
ΠΡΕΣΒΕΊΑ
ΕΡΓΟΣΤΆΣΙΟ
ΑΓΡΌΚΤΗΜΑ
ΝΟΣΟΚΟΜΕΊΟ
ΞΕΝΩΝΑΣ

ΞΕΝΟΔΟΧΕΊΟ
ΕΡΓΑΣΤΉΡΙΟ
ΜΟΥΣΕΊΟ
ΣΧΟΛΕΊΟ
ΣΤΆΔΙΟ
ΜΆΡΚΕΤ
ΣΚΗΝΉ
ΘΈΑΤΡΟ
ΠΎΡΓΟΣ

45 - Herbalism

Μ	Α	Ν	Τ	Ζ	Ο	Υ	Ρ	Ά	Ν	Α	Μ	Χ	Μ
Ε	Υ	Ε	Ρ	Γ	Ε	Τ	Ι	Κ	Ή	Σ	Ά	Ε	Α
Ε	Γ	Β	Η	Ρ	Ν	Υ	Φ	Ρ	Ρ	Ε	Ρ	Β	Γ
Π	Ψ	Ί	Δ	Ψ	Ι	Ι	Ν	Υ	Ο	Χ	Α	Δ	Ε
Α	Ρ	Ω	Μ	Α	Τ	Ι	Κ	Ό	Τ	Π	Ο	Β	Ι
Κ	Ί	Ά	Π	Δ	Ί	Η	Ε	Χ	Β	Ό	Ο	Α	Ρ
Ή	Γ	Ι	Σ	Υ	Σ	Τ	Α	Τ	Ι	Κ	Ό	Σ	Ι
Π	Α	Ψ	Ν	Ι	Γ	Σ	Κ	Ό	Ρ	Δ	Ο	Ι	Κ
Ο	Ν	Ι	Μ	Έ	Ν	Τ	Α	Π	Υ	Π	Ε	Λ	Ή
Σ	Η	Ι	Π	Χ	Λ	Ο	Υ	Λ	Ο	Ύ	Δ	Ι	Π
Δ	Ε	Ν	Δ	Ρ	Ο	Λ	Ί	Β	Α	Ν	Ο	Κ	Μ
Λ	Ε	Β	Ά	Ν	Τ	Α	Ρ	Κ	Ρ	Ο	Κ	Ο	Σ
Μ	Α	Ϊ	Ν	Τ	Α	Ν	Ό	Σ	Ν	Λ	Π	Ύ	Η
Γ	Ε	Ύ	Σ	Η	Ε	Σ	Τ	Ρ	Α	Γ	Κ	Ό	Ν

ΑΡΩΜΑΤΙΚΌ
ΒΑΣΙΛΙΚΟΎ
ΕΥΕΡΓΕΤΙΚΉ
ΜΑΓΕΙΡΙΚΉ
ΜΆΡΑΘΟ
ΓΕΎΣΗ
ΛΟΥΛΟΎΔΙ
ΚΉΠΟΣ
ΣΚΌΡΔΟ
ΠΡΆΣΙΝΟ

ΣΥΣΤΑΤΙΚΌ
ΛΕΒΆΝΤΑ
ΜΑΝΤΖΟΥΡΆΝΑ
ΜΈΝΤΑ
ΡΊΓΑΝΗ
ΜΑΪΝΤΑΝΌΣ
ΦΥΤΌ
ΔΕΝΔΡΟΛΊΒΑΝΟ
ΚΡΟΚΟΣ
ΕΣΤΡΑΓΚΌΝ

46 - Toys

```
Φ Υ Ε Ί Κ Π Α Ι Χ Ν Ί Δ Ι Α
Ο Χ Μ Δ Ρ Η Π Α Ζ Λ Η Τ Κ Γ
Ρ Μ Π Τ Α Ε Ρ Ο Π Λ Ά Ν Ο Α
Τ Λ Ά Σ Γ Δ Ξ Δ Ψ Ν Ο Ύ Π
Η Τ Λ Β Ι Β Λ Ι Α Ή Ο Ε Κ Η
Γ Ύ Α Ί Ό Ι Ψ Π Ε Τ Λ Μ Λ Μ
Ό Μ Ω Ψ Ν Ο Η Π Ε Υ Ν Α Α Έ
Ρ Π Χ Ί Ι Τ Ε Ψ Ί Υ Σ Ε Τ Ν
Χ Α Ρ Τ Α Ε Τ Ό Σ Β Κ Ω Χ Ο
Ρ Ν Ώ Ρ Μ Χ Έ Π Ψ Ι Ά Ι Υ Σ
Υ Α Μ Έ Β Ν Χ Ψ Η Δ Κ Ρ Σ Σ
Γ Ί Α Ν Η Ί Γ Ω Ω Ί Ι Ρ Κ Ψ
Ω Τ Τ Ο Φ Α Ν Τ Α Σ Ί Α Ε Α
Ω Ί Α Υ Α Β Δ Ρ Ο Μ Π Ό Τ Ί
```

ΑΕΡΟΠΛΆΝΟ
ΜΠΆΛΑ
ΠΟΔΉΛΑΤΟ
ΒΆΡΚΑ
ΒΙΒΛΊΑ
ΣΚΆΚΙ
ΒΙΟΤΕΧΝΊΑ
ΚΡΑΓΙΌΝΙΑ
ΚΟΎΚΛΑ
ΤΎΜΠΑΝΑ

ΑΓΑΠΗΜΈΝΟΣ
ΠΑΙΧΝΊΔΙΑ
ΦΑΝΤΑΣΊΑ
ΧΑΡΤΑΕΤΌΣ
ΧΡΏΜΑΤΑ
ΠΑΖΛ
ΡΟΜΠΌΤ
ΤΡΈΝΟ
ΦΟΡΤΗΓΌ

47 - Vehicles

Τ	Ο	Λ	Β	Τ	Η	Ι	Μ	Α	Χ	Σ	Η	Έ	Ψ
Ξ	Α	Ω	Μ	Ί	Μ	Ο	Α	Β	Κ	Σ	Β	Λ
Ω	Β	Ξ	Ί	Ε	Μ	Π	Τ	Χ	Λ	Ο	Υ	Χ	Ε
Σ	Π	Ρ	Ί	Γ	Ε	Ω	Έ	Β	Τ	Ύ	Α	Α	Α
Χ	Μ	Η	Χ	Α	Ν	Ή	Ρ	Ά	Χ	Τ	Υ	Σ	Α
Ε	Λ	Ι	Κ	Ό	Π	Τ	Ε	Ρ	Ο	Ε	Τ	Θ	Ε
Δ	Ρ	Π	Η	Ν	Μ	Ο	Α	Κ	Λ	Ρ	Ο	Ε	Ρ
Ί	Ξ	Έ	Σ	Η	Υ	Ε	Δ	Α	Λ	Ί	Κ	Ν	Ο
Α	Έ	Ψ	Ξ	Δ	Ε	Ί	Τ	Ή	Ω	Ί	Ί	Ο	Π
Π	Ο	Ρ	Θ	Μ	Ε	Ί	Ο	Ρ	Λ	Δ	Ν	Φ	Λ
Λ	Ε	Ω	Φ	Ο	Ρ	Ε	Ί	Ο	Ό	Α	Η	Ό	Ά
Υ	Π	Ο	Β	Ρ	Ύ	Χ	Ι	Ο	Μ	Δ	Τ	Ρ	Ν
Τ	Ρ	Ο	Χ	Ό	Σ	Π	Ι	Τ	Ο	Ρ	Ο	Ο	Ο
Τ	Ρ	Α	Κ	Τ	Έ	Ρ	Ο	Υ	Κ	Έ	Τ	Α	Π

ΑΕΡΟΠΛΆΝΟ
ΑΣΘΕΝΟΦΌΡΟ
ΠΟΔΉΛΑΤΟ
ΒΆΡΚΑ
ΛΕΩΦΟΡΕΊΟ
ΑΥΤΟΚΊΝΗΤΟ
ΤΡΟΧΌΣΠΙΤΟ
ΜΗΧΑΝΉ
ΠΟΡΘΜΕΊΟ

ΕΛΙΚΌΠΤΕΡΟ
ΜΟΤΈΡ
ΣΧΕΔΊΑ
ΡΟΥΚΈΤΑ
ΣΚΟΎΤΕΡ
ΥΠΟΒΡΎΧΙΟ
ΜΕΤΡΌ
ΤΑΞΊ
ΤΡΑΚΤΈΡ

48 - Flowers

```
Τ Ρ Ι Φ Ύ Λ Λ Ι Β Ί Σ Κ Ο Σ
Π Ρ Σ Β Κ Ω Ρ Ο Γ Ο Τ Σ Δ Έ
Ι Π Ι Μ Ρ Ω Ί Έ Ι Ρ Ο Έ Δ Γ
Κ Α Γ Α Ί Ε Α Υ Α Χ Υ Ε Π Α
Ρ Ι Δ Ν Ν Δ Ε Χ Σ Ι Λ Ί Α Ρ
Α Ω Α Ό Ο Τ Ν Υ Ε Δ Ί Μ Π Δ
Λ Ν Π Λ Σ Β Ά Ψ Μ Έ Π Π Α Έ
Ί Ί Ε Ι Ψ Σ Π Φ Ί Α Α Έ Ρ Ν
Δ Α Η Α Δ Μ Π Ο Υ Κ Έ Τ Ο Ι
Α Λ Ε Β Ά Ν Τ Α Μ Λ Ι Α Ύ Α
Π Α Σ Σ Ι Φ Λ Ό Ρ Α Λ Λ Ν Ψ
Μ Α Ρ Γ Α Ρ Ί Τ Α Χ Ι Ο Α Ξ
Π Ν Ί Π Α Σ Χ Α Λ Ι Ά Π Ι Χ
Ο Υ Έ Η Λ Ι Ο Τ Ρ Ό Π Ι Ο Τ
```

ΜΠΟΥΚΈΤΟ
ΤΡΙΦΎΛΛΙ
ΜΑΡΓΑΡΊΤΑ
ΠΙΚΡΑΛΊΔΑ
ΓΑΡΔΈΝΙΑ
ΙΒΊΣΚΟΣ
ΓΙΑΣΕΜΊ
ΛΕΒΆΝΤΑ
ΠΑΣΧΑΛΙΆ
ΚΡΊΝΟΣ

ΜΑΝΌΛΙΑ
ΟΡΧΙΔΈΑ
ΠΑΣΣΙΦΛΌΡΑ
ΠΑΙΩΝΊΑ
ΠΈΤΑΛΟ
ΠΑΠΑΡΟΎΝΑ
ΤΡΙΑΝΤΆΦΥΛΛΟ
ΗΛΙΟΤΡΌΠΙΟ
ΤΟΥΛΊΠΑ

49 - Town

Ρ	Γ	Ο	Υ	Δ	Ί	Μ	Π	Ω	Σ	Ξ	Β	Α	Μ
Κ	Μ	Έ	Ν	Ω	Ψ	Ά	Γ	Β	Τ	Ξ	Ί	Ρ	Β
Ι	Λ	Ο	Μ	Ν	Έ	Ρ	Α	Β	Ά	Λ	Β	Τ	Κ
Ι	Α	Ί	Υ	Ο	Υ	Κ	Γ	Α	Δ	Σ	Λ	Ο	Α
Φ	Ρ	Σ	Ν	Σ	Ψ	Ε	Ο	Ν	Ι	Χ	Ι	Π	Φ
Α	Ρ	Υ	Ω	Ι	Ε	Τ	Ρ	Θ	Ο	Ο	Ο	Ο	Ε
Ρ	Ρ	Λ	Χ	Ρ	Κ	Ί	Ά	Ο	Τ	Λ	Π	Ι	Ν
Μ	Ψ	Λ	Ο	Η	Ρ	Ή	Ο	Π	Ρ	Ε	Ω	Ε	Ε
Α	Π	Ο	Θ	Η	Κ	Ε	Ύ	Ω	Ά	Ί	Λ	Ί	Ί
Κ	Η	Γ	Έ	Δ	Ρ	Ω	Χ	Λ	Π	Ο	Ε	Ο	Ο
Ε	Ψ	Ή	Α	Χ	Γ	Έ	Τ	Ε	Ε	Ω	Ί	Ε	Ε
Ί	Η	Έ	Τ	Γ	Η	Λ	Ψ	Ί	Ζ	Γ	Ο	Λ	Ρ
Ο	Ο	Λ	Ρ	Τ	Ι	Έ	Μ	Ο	Α	Μ	Χ	Ί	Ω
Ξ	Ε	Ν	Ο	Δ	Ο	Χ	Ε	Ί	Ο	Ί	Γ	Δ	Μ

ΑΡΤΟΠΟΙΕΊΟ
ΤΡΆΠΕΖΑ
ΒΙΒΛΙΟΠΩΛΕΊΟ
ΚΑΦΕΝΕΊΟ
ΚΛΙΝΙΚΉ
ΑΝΘΟΠΩΛΕΊΟ
ΣΥΛΛΟΓΉ
ΞΕΝΟΔΟΧΕΊΟ

ΑΓΟΡΆ
ΜΟΥΣΕΊΟ
ΦΑΡΜΑΚΕΊΟ
ΣΧΟΛΕΊΟ
ΣΤΆΔΙΟ
ΑΠΟΘΗΚΕΎΩ
ΜΆΡΚΕΤ
ΘΈΑΤΡΟ

50 - Antarctica

Ε	Τ	Σ	Ν	Ε	Ρ	Ό	Ί	Ό	Ξ	Ω	Π	Β	Μ
Κ	Π	Ο	Ύ	Ή	Π	Ε	Ι	Ρ	Ο	Σ	Ε	Ρ	Ε
Δ	Ο	Ι	Π	Ν	Έ	Α	Σ	Μ	Ν	Κ	Ρ	Α	Τ
Ρ	Υ	Ο	Σ	Ο	Ν	Η	Μ	Ο	Η	Ό	Ι	Χ	Α
Ο	Λ	Ι	Δ	Τ	Γ	Ε	Λ	Λ	Σ	Λ	Β	Ώ	Ν
Μ	Ι	Έ	Ί	Έ	Η	Ρ	Φ	Ι	Ι	Π	Ά	Δ	Ά
Ή	Ά	Ε	Υ	Ω	Λ	Μ	Α	Α	Ά	Ο	Λ	Η	Σ
Μ	Η	Γ	Π	Π	Τ	Ξ	Ο	Φ	Σ	Ψ	Λ	Σ	Τ
Β	Ψ	Λ	Ά	Σ	Χ	Υ	Β	Ν	Ί	Ε	Ο	Μ	Ε
Γ	Ε	Ω	Γ	Ρ	Α	Φ	Ί	Α	Ι	Α	Ν	Λ	Υ
Χ	Μ	Ν	Ο	Λ	Ξ	Α	Ω	Δ	Ρ	Κ	Ι	Τ	Σ
Χ	Ε	Ρ	Σ	Ό	Ν	Η	Σ	Ο	Α	Ι	Ή	Ξ	Η
Δ	Ψ	Π	Ί	Ε	Ν	Λ	Η	Ο	Ρ	Υ	Κ	Τ	Ά
Θ	Ε	Ρ	Μ	Ο	Κ	Ρ	Α	Σ	Ί	Α	Γ	Γ	Ψ

ΚΌΛΠΟ
ΠΟΥΛΙΆ
ΣΎΝΝΕΦΑ
ΉΠΕΙΡΟΣ
ΌΡΜΟ
ΠΕΡΙΒΆΛΛΟΝ
ΕΚΔΡΟΜΉ
ΓΕΩΓΡΑΦΊΑ
ΠΆΓΟΣ

ΝΗΣΙΆ
ΜΕΤΑΝΆΣΤΕΥΣΗ
ΟΡΥΚΤΆ
ΧΕΡΣΌΝΗΣΟ
ΒΡΑΧΩΔΗΣ
ΕΠΙΣΤΗΜΟΝΙΚΉ
ΘΕΡΜΟΚΡΑΣΊΑ
ΤΟΠΟΓΡΑΦΊΑ
ΝΕΡΌ

51 - Ballet

Έ	Ο	Π	Ο	Χ	Ο	Ρ	Ο	Γ	Ρ	Α	Φ	Ί	Α
Ν	Ρ	Χ	Ο	Δ	Ε	Τ	Ε	Χ	Ν	Ι	Κ	Ή	Α
Τ	Ψ	Κ	Α	Λ	Λ	Ι	Τ	Ε	Χ	Ν	Ι	Κ	Ή
Α	Χ	Ε	Ι	Ρ	Ο	Κ	Ρ	Ό	Τ	Η	Μ	Α	Β
Σ	Τ	Υ	Λ	Έ	Χ	Η	Μ	Ο	Υ	Σ	Ι	Κ	Ή
Η	Α	Τ	Δ	Ί	Υ	Λ	Β	Γ	Ν	Χ	Λ	Τ	Μ
Σ	Υ	Ν	Θ	Έ	Τ	Η	Υ	Ί	Σ	Ο	Ξ	Α	Π
Ε	Κ	Φ	Ρ	Α	Σ	Τ	Ι	Κ	Ή	Ρ	Μ	Β	Α
Π	Ο	Ρ	Χ	Ή	Σ	Τ	Ρ	Α	Χ	Ε	Ω	Ί	Λ
Α	Ρ	Υ	Θ	Μ	Ο	Ύ	Τ	Λ	Π	Υ	Υ	Η	Α
Λ	Σ	Ό	Λ	Ο	Χ	Γ	Ψ	Ξ	Ε	Τ	Δ	Γ	Ρ
Α	Ρ	Ι	Β	Α	Μ	Σ	Υ	Ψ	Έ	Ε	Ε	Ψ	Ί
Σ	Έ	Μ	Γ	Α	Ί	Ά	Σ	Κ	Η	Σ	Η	Ξ	Ν
Ε	Π	Ι	Δ	Ε	Ξ	Ι	Ό	Τ	Η	Τ	Α	Ε	Α

ΧΕΙΡΟΚΡΌΤΗΜΑ
ΚΑΛΛΙΤΕΧΝΙΚΉ
ΜΠΑΛΑΡΊΝΑ
ΧΟΡΟΓΡΑΦΊΑ
ΣΥΝΘΈΤΗ
ΧΟΡΕΥΤΕΣ
ΕΚΦΡΑΣΤΙΚΉ
ΧΕΙΡΟΝΟΜΊΑ
ΈΝΤΑΣΗ

ΜΟΥΣΙΚΉ
ΟΡΧΉΣΤΡΑ
ΆΣΚΗΣΗ
ΠΡΌΒΑ
ΡΥΘΜΟΎ
ΕΠΙΔΕΞΙΌΤΗΤΑ
ΣΌΛΟ
ΣΤΥΛ
ΤΕΧΝΙΚΉ

52 - Human Body

Ι	Δ	Έ	Ξ	Β	Δ	Ω	Ρ	Γ	Η	Ξ	Ξ	Δ	Α
Γ	Α	Σ	Τ	Ρ	Ά	Γ	Α	Λ	Ο	Σ	Μ	Ε	Γ
Ώ	Ί	Ί	Ξ	Χ	Α	Ω	Ψ	Ρ	Ρ	Έ	Χ	Κ	
Π	Μ	Α	Ψ	Χ	Τ	Π	Β	Μ	Ν	Χ	Ι	Δ	Ώ
Η	Ω	Ο	Ψ	Α	Υ	Ρ	Ρ	Σ	Π	Ί	Ω	Α	Ν
Γ	Π	Σ	Σ	Υ	Λ	Ό	Λ	Α	Ι	Μ	Ό	Σ	Α
Ο	Ξ	Τ	Ο	Τ	Ο	Σ	Ε	Γ	Ό	Ν	Α	Τ	Ο
Ύ	Υ	Ά	Α	Ί	Σ	Ω	Σ	Ό	Δ	Μ	Κ	Ό	Ι
Ν	Δ	Υ	Β	Ί	Ε	Π	Χ	Ν	Β	Ύ	Α	Μ	Ω
Ι	Υ	Ρ	Ξ	Έ	Μ	Ο	Έ	Ι	Ι	Τ	Ρ	Α	Υ
Δ	Έ	Ρ	Μ	Α	Χ	Α	Ρ	Β	Ε	Η	Δ	Π	Τ
Μ	Ε	Π	Ό	Δ	Ι	Ω	Ι	Ο	Β	Η	Ι	Σ	Έ
Μ	Σ	Γ	Ι	Έ	Ξ	Ο	Ο	Κ	Ε	Φ	Ά	Λ	Ι
Ι	Μ	Χ	Ρ	Ψ	Γ	Δ	Ω	Ω	Μ	Υ	Α	Λ	Ό

ΑΣΤΡΆΓΑΛΟΣ
ΑΊΜΑ
ΟΣΤΆ
ΜΥΑΛΌ
ΠΗΓΟΎΝΙ
ΑΥΤΊ
ΑΓΚΏΝΑ
ΠΡΌΣΩΠΟ
ΔΆΧΤΥΛΟ
ΧΈΡΙ

ΚΕΦΆΛΙ
ΚΑΡΔΙΆ
ΣΑΓΌΝΙ
ΓΌΝΑΤΟ
ΠΌΔΙ
ΣΤΌΜΑ
ΛΑΙΜΌΣ
ΜΎΤΗ
ΏΜΟΣ
ΔΈΡΜΑ

53 - Musical Instruments

```
Φ Τ Ρ Ο Μ Π Έ Τ Α Σ Μ Γ Β Κ
Λ Ά Ψ Σ Κ Ι Θ Ά Ρ Α Α Κ Ι Λ
Χ Ω Γ Ξ Α Ν Σ Δ Ξ Ξ Ν Ο Ο Α
Ο Έ Η Κ Ν Ή Μ Ε Σ Ό Τ Ν Λ Ρ
Ω Δ Δ Δ Ό Μ Π Ο Ε Φ Ο Γ Ο Ι
Φ Έ Ξ Τ Γ Τ Π Ξ Ο Ω Λ Κ Ν Ν
Τ Λ Π Ι Ά Ν Ο Ά Ο Ν Ί Β Τ Έ
Ρ Ψ Ά Ο Τ Ε Τ Ρ Ν Ο Ν Λ Σ Τ
Ο Κ Ρ Ο Ύ Σ Η Π Υ Τ Ο Ψ Έ Ο
Μ Υ Δ Π Υ Ο Β Α Ί Η Ζ Ξ Λ Ψ
Π Τ Χ Ι Ε Τ Ι Ε Σ Χ Η Ο Ο Ψ
Ό Ι Β Δ Α Ν Ο Τ Ύ Μ Π Α Ν Ο
Ν Τ Έ Φ Ι Έ Λ Β Δ Π Σ Γ Η Ο
Ι Έ Ρ Μ Α Ρ Ί Μ Π Α Υ Ρ Γ Ω
```

ΜΠΆΝΤΖΟ
ΦΑΓΚΌΤΟ
ΒΙΟΛΟΝΤΣΈΛΟ
ΚΛΑΡΙΝΈΤΟ
ΤΎΜΠΑΝΟ
ΚΝΉΜΕΣ
ΦΛΆΟΥΤΟ
ΓΚΟΝΓΚ
ΚΙΘΆΡΑ
ΆΡΠΑ

ΜΑΝΤΟΛΊΝΟ
ΜΑΡΊΜΠΑ
ΌΜΠΟΕ
ΚΡΟΎΣΗ
ΠΙΆΝΟ
ΣΑΞΌΦΩΝΟ
ΝΤΈΦΙ
ΤΡΟΜΠΌΝΙ
ΤΡΟΜΠΈΤΑ
ΒΙΟΛΊ

54 - Fruit

```
Α Μ Σ Β Α Τ Ό Μ Ο Υ Ρ Ο Π Η
Χ Κ Π Τ Α Ψ Α Π Ε Π Χ Γ Ε Σ
Μ Ε Τ Α Α Β Ο Κ Ά Ν Τ Ο Π Δ
Τ Ρ Έ Ι Ν Φ Σ Α Μ Έ Δ Έ Ό Ε
Ν Ά Γ Γ Ν Ά Ύ Ν Ν Χ Ε Β Ν Λ
Ε Σ Ρ Ψ Έ Ί Ν Λ Ε Μ Ό Ν Ι Μ
Κ Ι Κ Α Ρ Ύ Δ Α Ι Α Ν Α Ν Ά
Τ Α Υ Μ Ο Μ Γ Ι Μ Ν Δ Ξ Ε Ν
Α Χ Υ Ξ Δ Ή Δ Ι Ο Ι Η Ξ Ι Γ
Ρ Λ Λ Σ Ά Λ Υ Σ Ύ Π Ι Η Ψ Κ
Ί Ά Σ Ύ Κ Ο Β Ε Ρ Ί Κ Ο Κ Ο
Ν Δ Σ Χ Ι Ι Χ Ί Ο Ω Έ Ψ Π Π
Ι Ι Υ Η Ν Π Α Π Ά Γ Ι Α Λ Π
Ψ Ά Π Μ Ο Γ Κ Ο Υ Ά Β Α Η Λ
```

ΜΉΛΟ
ΒΕΡΊΚΟΚΟ
ΑΒΟΚΆΝΤΟ
ΜΠΑΝΆΝΑ
ΜΟΎΡΟ
ΚΕΡΆΣΙ
ΚΑΡΎΔΑ
ΣΎΚΟ
ΣΤΑΦΎΛΙ
ΓΚΟΥΆΒΑ

ΑΚΤΙΝΊΔΙΟ
ΛΕΜΌΝΙ
ΜΆΝΓΚΟ
ΠΕΠΌΝΙ
ΝΕΚΤΑΡΊΝΙ
ΠΑΠΆΓΙΑ
ΡΟΔΆΚΙΝΟ
ΑΧΛΆΔΙ
ΑΝΑΝΆ
ΒΑΤΌΜΟΥΡΟ

55 - Virtues #1

Τ	Ω	Ψ	Η	Ρ	Α	Β	Π	Β	Α	Π	Γ	Ν	Χ
Γ	Γ	Έ	Δ	Ρ	Α	Ι	Ρ	Δ	Ν	Α	Ο	Κ	Ρ
Α	Ε	Χ	Υ	Ν	Ξ	Σ	Α	Γ	Ε	Θ	Η	Α	Ή
Η	Π	Ν	Τ	Μ	Ι	Ο	Κ	Ι	Ξ	Ι	Τ	Λ	Σ
Α	Ρ	Ο	Ν	Π	Ό	Φ	Τ	Β	Ά	Α	Ε	Λ	Ι
Μ	Α	Δ	Φ	Α	Π	Ό	Ι	Κ	Ρ	Σ	Υ	Ι	Μ
Χ	Δ	Έ	Δ	Α	Ι	Σ	Κ	Α	Τ	Μ	Τ	Τ	Η
Κ	Β	Γ	Ί	Α	Σ	Ό	Ή	Λ	Η	Έ	Ι	Ε	Μ
Α	Α	Χ	Ι	Μ	Τ	Ι	Δ	Ή	Τ	Ν	Κ	Χ	Έ
Θ	Σ	Σ	Ο	Ρ	Ο	Ί	Σ	Ω	Η	Ο	Ό	Ν	Τ
Α	Ψ	Τ	Ι	Τ	Ι	Ι	Χ	Τ	Ρ	Σ	Υ	Ι	Ρ
Ρ	Χ	Ν	Ε	Έ	Χ	Ο	Σ	Χ	Ι	Η	Ε	Κ	Ι
Ό	Π	Ε	Ρ	Ί	Ε	Ρ	Γ	Ο	Σ	Κ	Η	Ή	Ο
Γ	Π	Έ	Έ	Τ	Ο	Ρ	Ψ	Ε	Ω	Ί	Ή	Ι	Έ

ΚΑΛΛΙΤΕΧΝΙΚΉ
ΓΟΗΤΕΥΤΙΚΌ
ΚΑΘΑΡΌ
ΠΕΡΊΕΡΓΟΣ
ΑΠΟΦΑΣΙΣΤΙΚΉ
ΑΣΤΕΊΟ
ΓΕΝΝΑΙΌΔΩΡΗ
ΚΑΛΉ

ΧΡΉΣΙΜΗ
ΑΝΕΞΆΡΤΗΤΗ
ΜΈΤΡΙΟ
ΠΑΘΙΑΣΜΈΝΟΣ
ΠΡΑΚΤΙΚΉ
ΑΞΙΌΠΙΣΤΟ
ΣΟΦΌΣ

56 - Kitchen

Ν	Ξ	Σ	Μ	Π	Φ	Ί	Γ	Σ	Ο	Ί	Έ	Κ	Χ
Ε	Ρ	Φ	Π	Ο	Κ	Ο	Υ	Τ	Ά	Λ	Α	Α	Α
Μ	Ι	Ο	Ν	Δ	Π	Α	Ύ	Ε	Σ	Ω	Α	Ν	Ρ
Π	Έ	Υ	Σ	Ι	Β	Ι	Α	Ρ	Ι	Ω	Τ	Ά	Τ
Α	Η	Γ	Χ	Ά	Δ	Μ	Ρ	Ί	Ν	Ξ	Σ	Τ	Ο
Χ	Λ	Γ	Ά	Τ	Υ	Ω	Α	Ο	Ξ	Ο	Λ	Α	Π
Α	Ε	Ά	Ρ	Υ	Σ	Π	Ρ	Χ	Ύ	Υ	Σ	Γ	Ε
Ρ	Μ	Ρ	Α	Ψ	Ο	Χ	Χ	Χ	Α	Ν	Ι	Ο	Τ
Ι	Π	Ι	Σ	Υ	Ν	Τ	Α	Γ	Ή	Ί	Ι	Ξ	Σ
Κ	Ο	Σ	Έ	Γ	Ί	Ρ	Ρ	Ε	Μ	Χ	Ρ	Α	Έ
Ό	Λ	Π	Ρ	Ε	Τ	Ο	Α	Ξ	Υ	Ί	Ο	Ι	Τ
Έ	Β	Μ	Γ	Ί	Τ	Φ	Ξ	Υ	Λ	Ά	Κ	Ι	Α
Ω	Μ	Έ	Ί	Ο	Ψ	Ή	Υ	Ο	Χ	Μ	Β	Ο	Ψ
Κ	Ύ	Π	Ε	Λ	Λ	Α	Α	Δ	Ω	Δ	Γ	Ψ	Ν

ΠΟΔΙΆ
ΜΠΟΛ
ΞΥΛΆΚΙΑ
ΚΎΠΕΛΛΑ
ΤΡΟΦΉ
ΠΙΡΟΎΝΙΑ
ΣΧΆΡΑ
ΚΑΝΆΤΑ

ΜΑΧΑΊΡΙΑ
ΚΟΥΤΆΛΑ
ΧΑΡΤΟΠΕΤΣΈΤΑ
ΦΟΎΡΝΟΣ
ΣΥΝΤΑΓΉ
ΨΥΓΕΊΟ
ΜΠΑΧΑΡΙΚΌ
ΣΦΟΥΓΓΆΡΙ

57 - Art Supplies

```
Κ  Ε  Ψ  Ί  Μ  Ο  Λ  Ύ  Β  Ι  Α  Έ  Β  Α
Χ  Α  Ρ  Τ  Ί  Ι  Β  Ά  Μ  Ε  Κ  Ψ  Ω  Τ
Δ  Γ  Ρ  Π  Λ  Δ  Γ  Κ  Δ  Α  Ρ  Λ  Τ  Ω
Κ  Β  Ί  Έ  Ο  Έ  Ω  Α  Κ  Ι  Υ  Δ  Ω  Γ
Π  Ά  Σ  Ο  Κ  Α  Ω  Β  Ρ  Λ  Λ  Ι  Ν  Υ
Ψ  Χ  Ρ  Κ  Ό  Λ  Λ  Α  Α  Μ  Ι  Ψ  Ρ  Χ
Ν  Ο  Α  Β  Υ  Ω  Α  Λ  Γ  Έ  Κ  Τ  Π  Ρ
Ψ  Χ  Δ  Α  Ο  Ί  Χ  Έ  Ι  Γ  Ό  Μ  Α  Ώ
Τ  Ξ  Ρ  Α  Έ  Υ  Β  Τ  Ό  Α  Α  Ω  Σ  Μ
Μ  Ε  Λ  Ά  Ν  Ι  Ν  Ο  Ν  Μ  Α  Ω  Τ  Α
Ι  Ψ  Ρ  Β  Σ  Έ  Ε  Ο  Ι  Υ  Σ  Σ  Έ  Τ
Π  Ι  Ν  Έ  Λ  Ο  Ρ  Ε  Α  Ω  Β  Υ  Λ  Α
Δ  Σ  Υ  Ί  Ί  Α  Ό  Τ  Ρ  Α  Π  Έ  Ζ  Ι
Α  Κ  Ο  Υ  Α  Ρ  Έ  Λ  Ε  Σ  Γ  Η  Η  Ρ
```

ΑΚΡΥΛΙΚΌ
ΠΙΝΈΛΟ
ΚΑΡΈΚΛΑ
ΚΆΡΒΟΥΝΟ
ΧΡΏΜΑΤΑ
ΚΡΑΓΙΌΝΙΑ
ΚΑΒΑΛΈΤΟ
ΓΌΜΑ
ΚΌΛΛΑ

ΙΔΈΑ
ΜΕΛΆΝΙ
ΛΆΔΙ
ΧΑΡΤΊ
ΠΑΣΤΈΛ
ΜΟΛΎΒΙΑ
ΤΡΑΠΈΖΙ
ΝΕΡΌ
ΑΚΟΥΑΡΈΛΕΣ

58 - Science Fiction

Ψ	Ε	Γ	Τ	Ε	Χ	Ν	Ο	Λ	Ο	Γ	Ί	Α	Α
Ρ	Ω	Ί	Α	Ρ	Ο	Μ	Π	Ό	Τ	Ί	Τ	Ρ	Τ
Σ	Λ	Ξ	Π	Λ	Α	Ν	Ή	Τ	Η	Σ	Ι	Ω	Ο
Δ	Ψ	Ε	Υ	Δ	Α	Ί	Σ	Θ	Η	Σ	Η	Ρ	Μ
Β	Ι	Β	Λ	Ι	Α	Ξ	Μ	Ψ	Μ	Ι	Φ	Σ	Ι
Ψ	Γ	Μ	Α	Ν	Τ	Ε	Ί	Ο	Δ	Ο	Ω	Γ	Κ
Χ	Ξ	Ω	Υ	Λ	Ε	Μ	Γ	Α	Υ	Υ	Τ	Ά	Ό
Η	Φ	Ο	Υ	Τ	Ο	Υ	Ρ	Ι	Σ	Τ	Ι	Κ	Ό
Μ	Α	Κ	Ρ	Ι	Ν	Ό	Ε	Κ	Τ	Ο	Ά	Ρ	Έ
Ι	Ν	Σ	Ε	Δ	Σ	Ε	Τ	Ό	Ο	Π	Ξ	Ο	Κ
Κ	Λ	Ξ	Σ	Β	Λ	Λ	Ί	Σ	Π	Ί	Μ	Σ	Ρ
Ή	Ω	Υ	Ξ	Α	Σ	Χ	Λ	Μ	Ί	Α	Η	Δ	Η
Α	Ω	Ξ	Υ	Ί	Ψ	Ί	Μ	Ο	Α	Γ	Σ	Γ	Ξ
Μ	Υ	Θ	Ι	Σ	Τ	Ο	Ρ	Ή	Μ	Α	Τ	Α	Η

ΑΤΟΜΙΚΌ
ΒΙΒΛΙΑ
ΧΗΜΙΚΉ
ΜΑΚΡΙΝΌ
ΔΥΣΤΟΠΊΑ
ΈΚΡΗΞΗ
ΆΚΡΟ
ΦΩΤΙΆ
ΦΟΥΤΟΥΡΙΣΤΙΚΌ

ΓΑΛΑΞΊΑΣ
ΨΕΥΔΑΊΣΘΗΣΗ
ΜΥΘΙΣΤΟΡΉΜΑΤΑ
ΜΑΝΤΕΊΟ
ΠΛΑΝΉΤΗΣ
ΡΟΜΠΌΤ
ΤΕΧΝΟΛΟΓΊΑ
ΟΥΤΟΠΊΑ
ΚΌΣΜΟ

59 - Airplanes

Μ	Β	Β	Ν	Ι	Σ	Τ	Ο	Ρ	Ί	Α	Π	Π	Ω
Π	Η	Π	Κ	Α	Τ	Α	Γ	Ω	Γ	Ή	Ε	Σ	Σ
Α	Υ	Χ	Ε	Π	Ι	Β	Ά	Τ	Η	Η	Η	Σ	Α
Λ	Ψ	Ξ	Α	Ρ	Π	Ι	Λ	Ο	Τ	Ι	Κ	Ή	Τ
Ό	Ο	Δ	Έ	Ν	Ι	Κ	Α	Ύ	Σ	Ι	Μ	Ο	Μ
Ν	Σ	Γ	Δ	Μ	Ή	Π	Β	Ξ	Δ	Β	Ρ	Υ	Ό
Ι	Η	Ν	Σ	Σ	Β	Μ	Έ	Υ	Δ	Η	Υ	Ρ	Σ
Σ	Η	Π	Δ	Χ	Έ	Ξ	Β	Τ	Μ	Λ	Π	Α	Φ
Ο	Ο	Δ	Τ	Έ	Μ	Ξ	Χ	Γ	Ε	Τ	Ι	Ν	Α
Η	Α	Ο	Έ	Δ	Ω	Ε	Σ	Ω	Τ	Ι	Π	Ό	Ι
Σ	Μ	Έ	Λ	Ι	Κ	Α	Α	Δ	Ν	Δ	Α	Σ	Ρ
Χ	Χ	Π	Ρ	Ο	Σ	Γ	Ε	Ί	Ω	Σ	Η	Έ	Α
Ο	Ρ	Ψ	Τ	Α	Π	Λ	Ή	Ρ	Ω	Μ	Α	Δ	Χ
Ω	Κ	Α	Τ	Α	Σ	Κ	Ε	Υ	Ή	Γ	Τ	Τ	Έ

ΠΕΡΙΠΈΤΕΙΑ
ΑΈΡΑΣ
ΑΤΜΌΣΦΑΙΡΑ
ΜΠΑΛΌΝΙ
ΚΑΤΑΣΚΕΥΉ
ΠΛΉΡΩΜΑ
ΚΑΤΑΓΩΓΉ
ΣΧΈΔΙΟ
ΜΗΧΑΝΉ

ΚΑΎΣΙΜΟ
ΎΨΟΣ
ΙΣΤΟΡΊΑ
ΠΡΟΣΓΕΊΩΣΗ
ΕΠΙΒΆΤΗ
ΠΙΛΟΤΙΚΉ
ΈΛΙΚΑ
ΟΥΡΑΝΌΣ

60 - Ocean

Κ	Ο	Χ	Ν	Σ	Ξ	Σ	Β	Ε	Ο	Χ	Τ	Τ	Η
Α	Ξ	Έ	Ρ	Α	Φ	Ι	Ρ	Ε	Ί	Ε	Ό	Π	Υ
Β	Ι	Λ	Ι	Γ	Ύ	Ο	Ρ	Χ	Ρ	Λ	Ν	Α	Α
Ο	Ψ	Ι	Π	Ψ	Κ	Α	Υ	Υ	Ν	Ώ	Ο	Λ	Λ
Ύ	Ά	Λ	Γ	Η	Ι	Έ	Τ	Γ	Ρ	Ν	Σ	Ί	Ά
Ρ	Ρ	Ρ	Ί	Ι	Ι	Ω	Α	Ί	Γ	Α	Π	Ρ	Τ
Ι	Ι	Ο	Ν	Η	Ί	Β	Γ	Η	Ι	Ά	Α	Ρ	Ι
Τ	Ο	Γ	Λ	Φ	Ά	Λ	Α	Ι	Ν	Α	Ρ	Ο	Ψ
Ε	Χ	Ρ	Ν	Ω	Σ	Τ	Ρ	Ε	Ί	Δ	Ι	Ι	Ο
Έ	Κ	Α	Ρ	Χ	Α	Ρ	Ί	Α	Σ	Ι	Α	Α	Ί
Κ	Ο	Ρ	Ά	Λ	Λ	Ι	Δ	Ε	Λ	Φ	Ί	Ν	Ι
Ί	Ι	Ε	Σ	Β	Χ	Τ	Α	Π	Ό	Δ	Ι	Ω	Υ
Ε	Β	Α	Ξ	Χ	Κ	Α	Τ	Α	Ι	Γ	Ί	Δ	Α
Μ	Έ	Δ	Ο	Υ	Σ	Ε	Σ	Ρ	Υ	Ω	Ε	Α	Γ

ΆΛΓΗ
ΚΟΡΆΛΛΙ
ΚΑΒΟΎΡΙ
ΔΕΛΦΊΝΙ
ΧΈΛΙ
ΨΆΡΙ
ΜΈΔΟΥΣΕΣ
ΧΤΑΠΌΔΙ
ΣΤΡΕΊΔΙ
ΞΈΡΑ

ΑΛΆΤΙ
ΦΎΚΙ
ΚΑΡΧΑΡΊΑΣ
ΓΑΡΊΔΑ
ΣΦΟΥΓΓΆΡΙ
ΚΑΤΑΙΓΊΔΑ
ΠΑΛΊΡΡΟΙΑ
ΤΌΝΟΣ
ΧΕΛΏΝΑ
ΦΆΛΑΙΝΑ

61 - Birds

Π	Φ	Κ	Ο	Ύ	Κ	Ο	Σ	Κ	Ύ	Κ	Ν	Ο	Σ
Α	Λ	Α	Π	Ε	Λ	Ε	Κ	Α	Ν	Γ	Μ	Ξ	Ο
Π	Α	Ν	Ε	Ά	Χ	Ο	Χ	Ι	Κ	Λ	Ξ	Β	Ί
Α	Μ	Α	Λ	Δ	Π	Τ	Ή	Β	Ο	Ά	Τ	Ν	Π
Γ	Ί	Ρ	Α	Ο	Σ	Ι	Ν	Π	Τ	Ρ	Τ	Β	Ρ
Ά	Ν	Ί	Ρ	Α	Π	Ε	Α	Ι	Ό	Ο	Ο	Σ	Ο
Λ	Γ	Ν	Γ	Α	Ο	Ρ	Τ	Γ	Π	Σ	Δ	Ψ	Η
Ο	Κ	Ι	Ό	Ε	Υ	Ω	Ο	Κ	Ο	Ρ	Ά	Κ	Ι
Σ	Ο	Λ	Σ	Τ	Ρ	Δ	Υ	Ο	Υ	Α	Υ	Γ	Ό
Γ	Η	Ξ	Ο	Ό	Γ	Ι	Κ	Υ	Λ	Υ	Λ	Ε	Β
Ψ	Ν	Α	Σ	Σ	Ί	Ο	Ά	Ί	Ο	Γ	Ξ	Ρ	Η
Ω	Υ	Π	Λ	Ι	Τ	Σ	Ν	Ν	Λ	Λ	Ί	Ά	Υ
Ι	Ω	Ν	Ρ	Ψ	Ι	Τ	Μ	Ο	Ο	Ξ	Π	Κ	Ν
Π	Α	Γ	Ώ	Ν	Ι	Γ	Ι	Σ	Ψ	Ν	Π	Ι	Χ

ΚΑΝΑΡΊΝΙ
ΚΟΤΌΠΟΥΛΟ
ΚΟΡΆΚΙ
ΚΟΎΚΟΣ
ΠΆΠΙΑ
ΑΕΤΌΣ
ΑΥΓΌ
ΦΛΑΜΊΝΓΚΟ
ΧΉΝΑ
ΓΛΆΡΟΣ

ΓΕΡΆΚΙ
ΕΡΩΔΙΌΣ
ΠΑΠΑΓΆΛΟΣ
ΠΑΓΏΝΙ
ΠΕΛΕΚΆΝ
ΠΙΓΚΟΥΊΝΟΣ
ΣΠΟΥΡΓΊΤΙ
ΠΕΛΑΡΓΌΣ
ΚΎΚΝΟΣ
ΤΟΥΚΆΝ

62 - Art

```
Ζ Ω Γ Ρ Α Φ Ι Κ Ή Β Θ Δ Ξ Ο
Ε Μ Λ Σ Ύ Ν Θ Ε Σ Η Ξ Έ Σ Υ
Β Β Υ Κ Ε Ρ Α Μ Ι Κ Ή Λ Μ Ψ
Ε Μ Π Ν Ε Υ Σ Μ Έ Ν Η Ε Γ Α
Β Δ Τ Ω Τ Ξ Σ Υ Ω Ο Α Α Π Σ
Η Ι Ι Δ Μ Γ Ψ Η Χ Ο Δ Υ Π Ύ
Ρ Ά Κ Η Π Ρ Ο Σ Ω Π Ι Κ Ό Μ
Π Θ Ή Μ Σ Ύ Ν Θ Ε Τ Η Ψ Α Β
Ο Ε Μ Ι Α Λ Δ Σ Ο Ι Α Λ Π Ο
Ί Σ Μ Ο Ν Ρ Ο Μ Ξ Κ Λ Μ Λ Λ
Η Η Ί Υ Ρ Έ Χ Χ Ο Ή Π Υ Ό Ο
Σ Ο Υ Ρ Ε Α Λ Ι Σ Μ Ό Σ Σ Ε
Η Σ Α Γ Ο Ί Ρ Έ Κ Φ Ρ Α Σ Η
Ι Ξ Έ Ώ Ξ Σ Π Έ Ο Ή Ι Λ Ω Τ
```

ΚΕΡΑΜΙΚΉ
ΣΎΝΘΕΤΗ
ΣΎΝΘΕΣΗ
ΔΗΜΙΟΥΡΓΏ
ΈΚΦΡΑΣΗ
ΕΜΠΝΕΥΣΜΈΝΗ
ΔΙΆΘΕΣΗ
ΑΡΧΙΚΉ
ΖΩΓΡΑΦΙΚΉ

ΠΡΟΣΩΠΙΚΌ
ΠΟΊΗΣΗ
ΓΛΥΠΤΙΚΉ
ΑΠΛΌΣ
ΘΈΜΑ
ΣΟΥΡΕΑΛΙΣΜΌΣ
ΣΎΜΒΟΛΟ
ΟΠΤΙΚΉ

63 - Nutrition

Σ	Θ	Υ	Η	Υ	Η	Ρ	Π	Έ	Ψ	Η	Ό	Θ	Τ
Β	Ρ	Γ	Δ	Ι	Α	Τ	Ρ	Ο	Φ	Ή	Ρ	Ε	Ο
Ι	Ε	Ι	Σ	Ί	Υ	Σ	Ω	Ζ	Υ	Ι	Ε	Ρ	Ξ
Σ	Π	Ή	Ο	Η	Ν	Ά	Τ	Υ	Ψ	Ί	Ξ	Μ	Ί
Ο	Τ	Υ	Τ	Σ	Έ	Λ	Ε	Γ	Ο	Β	Η	Ι	Ν
Ρ	Ι	Γ	Γ	Π	Σ	Τ	Ϊ	Ί	Ρ	Ι	Γ	Δ	Η
Ρ	Κ	Α	Ε	Ε	Τ	Σ	Ν	Ζ	Π	Τ	Ι	Ε	Δ
Ο	Ή	Ί	Β	Ύ	Ί	Α	Ε	Ω	Τ	Α	Ω	Σ	Υ
Π	Ι	Κ	Ρ	Ή	Σ	Α	Σ	Ζ	Ύ	Μ	Ω	Σ	Η
Η	Π	Ο	Ι	Ό	Τ	Η	Τ	Α	Σ	Ί	Μ	Σ	Υ
Μ	Π	Α	Χ	Α	Ρ	Ι	Κ	Ό	Δ	Ν	Η	Ψ	Γ
Έ	Β	Ρ	Ώ	Σ	Ι	Μ	Α	Α	Λ	Η	Ω	Α	Ρ
Ν	Χ	Ι	Ξ	Ο	Χ	Τ	Η	Σ	Υ	Ο	Ν	Ω	Ά
Η	Σ	Ι	Σ	Λ	Τ	Λ	Ί	Α	Η	Α	Χ	Ν	Η

ΌΡΕΞΗ
ΙΣΟΡΡΟΠΗΜΈΝΗ
ΠΙΚΡΉ
ΘΕΡΜΊΔΕΣ
ΔΙΑΤΡΟΦΉ
ΠΈΨΗ
ΒΡΏΣΙΜΑ
ΖΎΜΩΣΗ
ΓΕΎΣΗ
ΥΓΕΊΑ

ΥΓΙΉ
ΥΓΡΆ
ΘΡΕΠΤΙΚΉ
ΠΡΩΤΕΪΝΕΣ
ΠΟΙΌΤΗΤΑ
ΣΆΛΤΣΑ
ΜΠΑΧΑΡΙΚΌ
ΤΟΞΊΝΗ
ΒΙΤΑΜΊΝΗ
ΖΥΓΊΖΩ

64 - Hiking

Β	Ρ	Ε	Α	Κ	Ά	Μ	Π	Ι	Ν	Γ	Κ	Ο	Ο
Π	Α	Ρ	Α	Σ	Κ	Ε	Υ	Ή	Ε	Ω	Α	Δ	Π
Κ	Ο	Ρ	Υ	Φ	Ή	Π	Γ	Ί	Ρ	Ξ	Ι	Η	Α
Κ	Γ	Α	Ι	Π	Έ	Έ	Ω	Έ	Ό	Υ	Ρ	Γ	Ρ
Ο	Λ	Η	Χ	Ά	Ρ	Τ	Η	Ο	Γ	Ρ	Ό	Ο	Ν
Υ	Σ	Ί	Χ	Ρ	Π	Ρ	Ε	Ι	Δ	Έ	Σ	Ί	Ν
Ρ	Γ	Ψ	Μ	Κ	Λ	Α	Τ	Ξ	Ψ	Λ	Λ	Ο	Β
Α	Η	Ί	Ε	Α	Α	Β	Ί	Μ	Χ	Α	Μ	Ά	Χ
Σ	Σ	Ν	Σ	Μ	Χ	Μ	Γ	Τ	Γ	Α	Γ	Γ	Λ
Μ	Π	Ό	Τ	Ε	Σ	Ε	Χ	Ψ	Φ	Τ	Χ	Ρ	Ρ
Έ	Ρ	Ζ	Ξ	Σ	Κ	Ο	Υ	Ν	Ο	Ύ	Π	Ι	Α
Ν	Χ	Ώ	Ή	Λ	Ι	Ο	Σ	Ρ	Η	Μ	Σ	Ο	Λ
Ο	Ρ	Α	Β	Ρ	Ά	Χ	Ο	Α	Ί	Τ	Χ	Η	Λ
Σ	Β	Ο	Υ	Ν	Ό	Ε	Ψ	Ι	Ι	Ί	Έ	Η	Ν

ΖΏΑ
ΜΠΌΤΕΣ
ΚΆΜΠΙΝΓΚ
ΒΡΆΧΟ
ΚΛΊΜΑ
ΟΔΗΓΟΊ
ΒΑΡΙΆ
ΧΆΡΤΗ
ΚΟΥΝΟΎΠΙΑ
ΒΟΥΝΌ

ΦΎΣΗ
ΠΆΡΚΑ
ΠΑΡΑΣΚΕΥΉ
ΠΈΤΡΑ
ΚΟΡΥΦΉ
ΉΛΙΟΣ
ΚΟΥΡΑΣΜΈΝΟΣ
ΝΕΡΌ
ΚΑΙΡΌΣ
ΆΓΡΙΟ

65 - Professions #1

```
Ξ Χ Ν Ε Ξ Ν Τ Μ Κ Μ Π Ε Τ Υ
Σ Ί Α Η Υ Β Σ Ι Υ Ο Ί Π Ρ Δ
Υ Τ Ύ Ο Ξ Ί Υ Μ Ν Υ Π Ρ Α Ρ
Π Χ Τ Π Ρ Έ Σ Β Η Σ Ε Ο Π Α
Χ Ο Η Έ Ο Έ Ψ Ν Γ Ι Π Σ Ε Υ
Χ Ρ Σ Τ Ν Α Μ Ο Ό Κ Ε Α Ζ Λ
Γ Ε Ω Λ Ό Γ Ο Σ Σ Ό Ξ Ρ Ί Ι
Ψ Υ Χ Ο Λ Ό Γ Ο Σ Σ Ε Μ Τ Κ
Ρ Τ Ψ Δ Ι Δ Ά Κ Τ Ω Ρ Ο Η Ό
Μ Ή Π Ψ Δ Χ Α Ό Έ Π Γ Σ Σ Σ
Α Σ Τ Ρ Ο Ν Ό Μ Ο Σ Α Μ Β Τ
Ε Ι Ω Ι Έ Τ Ί Α Η Έ Σ Έ Σ Β
Δ Ι Κ Η Γ Ό Ρ Ο Σ Δ Ί Ν Ε Γ
Π Ι Α Ν Ί Σ Τ Α Σ Υ Α Α Χ Π
```

ΠΡΈΣΒΗΣ
ΑΣΤΡΟΝΌΜΟΣ
ΔΙΚΗΓΌΡΟΣ
ΤΡΑΠΕΖΊΤΗΣ
ΧΟΡΕΥΤΉΣ
ΔΙΔΆΚΤΩΡ
ΕΠΕΞΕΡΓΑΣΊΑ
ΓΕΩΛΌΓΟΣ

ΚΥΝΗΓΌΣ
ΜΟΥΣΙΚΌΣ
ΝΟΣΟΚΌΜΑ
ΠΙΑΝΊΣΤΑΣ
ΥΔΡΑΥΛΙΚΌΣ
ΨΥΧΟΛΌΓΟΣ
ΝΑΎΤΗΣ
ΠΡΟΣΑΡΜΟΣΜΈΝΑ

66 - Dinosaurs

```
Α Ρ Π Α Κ Τ Ι Κ Ό Ο Ω Α Γ Σ
Μ Π Α Μ Φ Ά Γ Α Ν Ι Υ Ξ Χ Α
Ε Α Ο Τ Ι Χ Ο Δ Υ Δ Ε Ρ Ι Ρ
Ί Μ Μ Λ Ι Υ Σ Δ Γ Χ Γ Δ Ά Κ
Δ Έ Ε Ο Ι Σ Χ Υ Ρ Ό Ι Χ Ε Ο
Ο Γ Ρ Φ Ύ Θ Ε Ξ Έ Λ Ι Ξ Η Φ
Σ Ε Π Τ Α Θ Ώ Ρ Ρ Μ Ω Λ Η Ά
Η Θ Ε Ε Έ Π Ν Μ Ψ Ν Ε Χ Ρ Γ
Ξ Ο Τ Ρ Α Υ Ρ Σ Α Ι Έ Λ Δ Ο
Ρ Σ Ό Ά Τ Ε Ρ Ά Σ Τ Ι Ο Ω Έ
Ι Χ Ν Σ Ο Ω Β Α Τ Ι Α Ο Α Β
Ε Ξ Α Φ Ά Ν Ι Σ Η Ψ Ί Ξ Έ Ρ
Ί Ε Θ Ή Ρ Α Μ Α Γ Υ Ο Ε Ξ Γ
Φ Υ Τ Ο Φ Ά Γ Α Η Ο Ψ Έ Η Τ
```

ΣΑΡΚΟΦΆΓΟ
ΕΞΑΦΆΝΙΣΗ
ΓΗ
ΤΕΡΆΣΤΙΟ
ΕΞΈΛΙΞΗ
ΑΠΟΛΙΘΩΜΑΤΑ
ΦΥΤΟΦΆΓΑ
ΜΑΜΟΎΘ
ΠΑΜΦΆΓΑ

ΙΣΧΥΡΌ
ΘΉΡΑΜΑ
ΑΡΠΑΚΤΙΚΌ
ΕΡΠΕΤΌ
ΜΈΓΕΘΟΣ
ΕΊΔΟΣ
ΟΥΡΆ
ΦΤΕΡΆ

67 - Barbecues

```
Ο Κ Ο Τ Ό Π Ο Υ Λ Ο Υ Ψ Λ Κ
Ι Ν Β Έ Β Ν Τ Ο Μ Ά Τ Α Α Α
Κ Ψ Υ Ρ Ρ Χ Ε Ο Α Μ Ρ Λ Φ Λ
Ο Ζ Δ Ε Ί Π Ν Ο Χ Γ Ο Ά Ρ Ο
Γ Π Ε Ί Ν Α Χ Π Α Δ Φ Τ Ο Κ
Έ Μ Α Σ Ψ Ι Π Ι Ί Π Ή Ι Ύ Α
Ν Ο Μ Δ Τ Η Μ Ρ Ρ Α Γ Λ Τ Ί
Ε Υ Υ Ψ Τ Ό Ε Ο Ι Ι Ψ Α Ο Ρ
Ι Σ Α Λ Ά Τ Α Ύ Α Χ Υ Χ Ο Ι
Α Ι Χ Φ Τ Ψ Ω Ν Η Ν Χ Α Β Τ
Χ Κ Ν Ά Ί Ρ Δ Ι Σ Ί Μ Ν Ρ Έ
Έ Ή Η Ξ Ρ Λ Π Α Ι Δ Ί Ι Σ Ε
Σ Ά Λ Τ Σ Α Ο Γ Μ Ι Ε Κ Π Ι
Γ Α Ι Δ Β Β Ι Ι Έ Α Λ Ά Ν Ο
```

ΚΟΤΌΠΟΥΛΟ
ΠΑΙΔΊ
ΔΕΊΠΝΟ
ΟΙΚΟΓΈΝΕΙΑ
ΤΡΟΦΉ
ΠΙΡΟΎΝΙΑ
ΦΊΛΟΙ
ΦΡΟΎΤΟ
ΠΑΙΧΝΊΔΙΑ
ΣΧΆΡΑ

ΖΕΣΤΌ
ΠΕΊΝΑ
ΜΑΧΑΊΡΙΑ
ΜΟΥΣΙΚΉ
ΣΑΛΆΤΑ
ΑΛΆΤΙ
ΣΆΛΤΣΑ
ΚΑΛΟΚΑΊΡΙ
ΝΤΟΜΆΤΑ
ΛΑΧΑΝΙΚΆ

68 - Surfing

Α	Ν	Δ	Κ	Ύ	Μ	Α	Ά	Χ	Π	Π	Ε	Λ
Ρ	Ρ	Λ	Ο	Σ	Τ	Ω	Φ	Κ	Ί	Έ	Λ	Α
Χ	Ξ	Υ	Υ	Τ	Τ	Ξ	Ι	Ρ	Ω	Ξ	Ή	Ω	Ξ
Ά	Ψ	Χ	Π	Ε	Υ	Ο	Ί	Ο	Ό	Β	Θ	Λ	Υ
Ρ	Ν	Λ	Ί	Μ	Ο	Ο	Μ	Ξ	Ψ	Σ	Η	Δ	Ί
Ι	Ω	Έ	Δ	Ξ	Έ	Ρ	Α	Ά	Ο	Κ	Τ	Ν	Α
Ο	Κ	Α	Ύ	Ί	Μ	Ξ	Λ	Η	Χ	Α	Α	Υ	Θ
Σ	Ε	Υ	Ν	Ο	Ξ	Ο	Λ	Γ	Δ	Ι	Χ	Έ	Λ
Ξ	Α	Π	Α	Ρ	Α	Λ	Ί	Α	Ί	Ρ	Ύ	Ω	Η
Ρ	Ν	Π	Μ	Ι	Μ	Τ	Η	Ω	Β	Ό	Τ	Ε	Τ
Μ	Ό	Δ	Η	Μ	Ο	Φ	Ι	Λ	Ή	Σ	Η	Έ	Ή
Ν	Σ	Λ	Π	Ρ	Ω	Τ	Α	Θ	Λ	Η	Τ	Ή	Σ
Δ	Ι	Α	Σ	Κ	Έ	Δ	Α	Σ	Η	Β	Α	Σ	Μ
Β	Έ	Δ	Μ	Β	Ξ	Ν	Υ	Η	Έ	Υ	Δ	Έ	Β

ΑΘΛΗΤΉΣ
ΠΑΡΑΛΊΑ
ΑΡΧΆΡΙΟΣ
ΠΡΩΤΑΘΛΗΤΉΣ
ΠΛΉΘΗ
ΆΚΡΟ
ΑΦΡΌΣ
ΔΙΑΣΚΈΔΑΣΗ
ΩΚΕΑΝΌΣ

ΚΟΥΠΊ
ΔΗΜΟΦΙΛΉΣ
ΞΈΡΑ
ΤΑΧΎΤΗΤΑ
ΣΤΟΜΆΧΙ
ΔΎΝΑΜΗ
ΣΤΥΛ
ΚΎΜΑ
ΚΑΙΡΌΣ

69 - Chocolate

```
Β  Ι  Ο  Τ  Ε  Χ  Ν  Ι  Κ  Ή  Ο  Θ  Ν  Δ
Ζ  Α  Ω  Ρ  Ο  Η  Μ  Ρ  Π  Α  Π  Ε  Ό  Σ
Ά  Ρ  Ω  Μ  Α  Γ  Λ  Υ  Κ  Ό  Ι  Ρ  Σ  Ω
Χ  Α  Έ  Ν  Π  Μ  Σ  Υ  Χ  Ν  Κ  Μ  Τ  Λ
Α  Γ  Α  Π  Η  Μ  Έ  Ν  Ο  Σ  Ρ  Ι  Ι  Φ
Ρ  Ε  Γ  Ο  Σ  Κ  Ό  Ν  Η  Δ  Ή  Δ  Μ  Ι
Η  Ξ  Ε  Ι  Υ  Υ  Ε  Υ  Ρ  Π  Ε  Ο  Σ
Λ  Ω  Ύ  Ό  Σ  Σ  Ν  Ξ  Δ  Λ  Ί  Σ  Β  Τ
Χ  Τ  Σ  Τ  Τ  Υ  Χ  Τ  Κ  Α  Κ  Ά  Ο  Ί
Π  Ι  Η  Η  Α  Η  Α  Κ  Α  Ρ  Ύ  Δ  Α  Κ
Γ  Κ  Π  Τ  Τ  Ω  Δ  Χ  Μ  Γ  Η  Ο  Υ  Ι
Π  Ό  Τ  Α  Ι  Δ  Τ  Τ  Σ  Α  Ή  Ν  Η  Α
Έ  Τ  Ω  Κ  Α  Ρ  Α  Μ  Έ  Λ  Α  Τ  Σ
Σ  Α  Π  Η  Ό  Ψ  Ο  Χ  Υ  Β  Ε  Ξ  Γ  Δ
```

ΆΡΩΜΑ
ΒΙΟΤΕΧΝΙΚΉ
ΠΙΚΡΉ
ΚΑΚΆΟ
ΘΕΡΜΙΔΕΣ
ΚΑΡΑΜΈΛΑ
ΚΑΡΎΔΑ
ΝΌΣΤΙΜΟ
ΕΞΩΤΙΚΌ

ΑΓΑΠΗΜΈΝΟΣ
ΣΥΣΤΑΤΙΚΌ
ΦΙΣΤΊΚΙΑ
ΣΚΌΝΗ
ΠΟΙΌΤΗΤΑ
ΣΥΝΤΑΓΉ
ΖΆΧΑΡΗ
ΓΛΥΚΌ
ΓΕΎΣΗ

70 - Vegetables

```
Κ Μ Κ Α Ρ Ό Τ Ο Σ Κ Ό Ρ Δ Ο
Ρ Α Γ Κ Ι Ν Ά Ρ Α Α Ο Β Ι Α
Ε Ϊ Κ Μ Ω Γ Ω Π Ί Ω Λ Σ Τ Ψ
Μ Ν Ο Α Α Έ Ρ Α Π Α Ν Ά Κ Ι
Μ Τ Υ Ν Η Γ Ω Ν Τ Ο Μ Ά Τ Α
Ύ Α Ν Ι Λ Τ Γ Ο Γ Γ Ύ Λ Ι Α
Δ Ν Ο Τ Ε Ν Κ Ο Λ Ο Κ Ύ Θ Α
Ι Ό Υ Ά Ρ Ν Ο Ξ Ύ Β Α Ψ Μ Σ
Α Σ Π Ρ Ί Έ Π Ί Ί Ρ Ρ Ω Π Έ
Τ Ι Ί Ι Σ Π Α Ν Ά Κ Ι Δ Ι Λ
Μ Ι Δ Μ Ε Λ Ι Τ Ζ Ά Ν Α Ζ Ι
Έ Τ Ι Σ Μ Π Ρ Ό Κ Ο Λ Ο Έ Ν
Ε Σ Κ Α Λ Ω Ν Ί Δ Α Έ Γ Λ Ο
Τ Ζ Ί Ν Τ Ζ Ε Ρ Χ Ι Λ Τ Ι Α
```

ΑΓΚΙΝΆΡΑ
ΜΠΡΌΚΟΛΟ
ΚΑΡΌΤΟ
ΚΟΥΝΟΥΠΊΔΙ
ΣΈΛΙΝΟ
ΑΓΓΟΎΡΙ
ΜΕΛΙΤΖΆΝΑ
ΣΚΌΡΔΟ
ΤΖΊΝΤΖΕΡ
ΜΑΝΙΤΆΡΙ

ΚΡΕΜΜΎΔΙ
ΜΑΪΝΤΑΝΌΣ
ΜΠΙΖΈΛΙ
ΚΟΛΟΚΎΘΑ
ΡΑΠΑΝΆΚΙ
ΣΑΛΆΤΑ
ΕΣΚΑΛΩΝΊΔΑ
ΣΠΑΝΆΚΙ
ΝΤΟΜΆΤΑ
ΓΟΓΓΎΛΙ

71 - Boats

Ξ	Ξ	Η	Τ	Π	Α	Ι	Γ	Ι	Ρ	Υ	Β	Θ	Γ
Δ	Σ	Δ	Ι	Λ	Π	Σ	Κ	Ι	Ν	Γ	Γ	Ά	Έ
Γ	Υ	Ν	Ω	Ή	Ο	Τ	Α	Έ	Ο	Χ	Π	Λ	Σ
Κ	Ν	Α	Ο	Ρ	Β	Ι	Ν	Υ	Ο	Τ	Ο	Α	Ω
Π	Α	Υ	Γ	Ω	Ά	Ο	Ό	Λ	Τ	Μ	Ρ	Σ	Σ
Ο	Ύ	Τ	Ο	Μ	Θ	Φ	Τ	Β	Ν	Ψ	Θ	Σ	Η
Τ	Τ	Ι	Ά	Α	Ρ	Ό	Λ	Μ	Ω	Ξ	Μ	Α	Μ
Α	Η	Κ	Γ	Ρ	Α	Ρ	Υ	Η	Κ	Μ	Ε	Μ	Α
Μ	Σ	Ό	Κ	Λ	Τ	Ο	Σ	Χ	Ε	Δ	Ί	Α	Δ
Ό	Χ	Ί	Υ	Ί	Ρ	Ι	Β	Α	Α	Υ	Ο	Μ	Ο
Σ	Ο	Έ	Ρ	Μ	Η	Γ	Έ	Ν	Ν	Ν	Α	Ι	Ύ
Ε	Ι	Λ	Α	Ν	Ι	Ψ	Χ	Ή	Ό	Π	Ί	Ρ	Ρ
Μ	Ν	Ί	Ι	Η	Ί	Ε	Σ	Ω	Σ	Ί	Β	Ι	Α
Έ	Ί	Κ	Α	Γ	Ι	Ά	Κ	Ψ	Ω	Ψ	Ο	Λ	Ί

ΆΓΚΥΡΑ
ΣΗΜΑΔΟΎΡΑ
ΚΑΝΌ
ΠΛΉΡΩΜΑ
ΑΠΟΒΆΘΡΑ
ΜΗΧΑΝΉ
ΠΟΡΘΜΕΊΟ
ΚΑΓΙΆΚ
ΛΊΜΝΗ
ΣΩΣΊΒΙΑ

ΚΑΤΆΡΤΙ
ΝΑΥΤΙΚΌ
ΩΚΕΑΝΌΣ
ΣΧΕΔΊΑ
ΠΟΤΑΜΌΣ
ΣΧΟΙΝΊ
ΙΣΤΙΟΦΌΡΟ
ΝΑΎΤΗΣ
ΘΆΛΑΣΣΑ
ΓΙΟΤ

72 - Activities and Leisure

Σ	Σ	Κ	Ω	Β	Ρ	Π	Ι	Π	Μ	Π	Ο	Ξ	Κ
Δ	Έ	Ο	Ζ	Π	Ε	Ζ	Ο	Π	Ο	Ρ	Ί	Α	Ά
Χ	Λ	Ρ	Λ	Ω	Ω	Λ	Γ	Η	Η	Ο	Τ	Έ	Ξ	Μ
Ν	Φ	Ύ	Γ	Ν	Έ	Τ	Π	Ν	Β	Έ	Μ	Ί	Π
Ι	Ι	Μ	Ρ	Χ	Ό	Μ	Π	Ι	Λ	Ν	Χ	Ί	Ι
Β	Ν	Β	Α	Κ	Η	Π	Ο	Υ	Ρ	Ι	Κ	Ή	Ν
Μ	Γ	Η	Φ	Β	Υ	Έ	Μ	Γ	Γ	Σ	Έ	Λ	Γ
Ψ	Κ	Σ	Ι	Έ	Α	Ι	Ν	Π	Κ	Ε	Ρ	Ί	Κ
Χ	Ά	Η	Κ	Ψ	Ί	Ζ	Τ	Μ	Ά	Ο	Σ	Ω	Υ
Χ	Έ	Ρ	Ή	Ι	Τ	Μ	Ψ	Β	Ω	Σ	Λ	Ί	Χ
Δ	Ε	Π	Ε	Ξ	Ν	Π	Ε	Ξ	Γ	Ψ	Κ	Φ	Ψ
Ξ	Ρ	Μ	Ω	Μ	Ι	Ο	Τ	Έ	Χ	Ν	Η	Ε	Α
Β	Ό	Λ	Ε	Ϊ	Α	Λ	Τ	Α	Ξ	Ί	Δ	Ι	Τ
Π	Ο	Δ	Ό	Σ	Φ	Α	Ι	Ρ	Ο	Χ	Υ	Έ	Χ

ΤΈΧΝΗ
ΜΠΈΙΖΜΠΟΛ
ΜΠΆΣΚΕΤ
ΜΠΟΞ
ΚΆΜΠΙΝΓΚ
ΨΆΡΕΜΑ
ΚΗΠΟΥΡΙΚΉ
ΓΚΟΛΦ
ΠΕΖΟΠΟΡΊΑ

ΧΌΜΠΙ
ΖΩΓΡΑΦΙΚΉ
ΠΟΔΌΣΦΑΙΡΟ
ΣΈΡΦΙΝΓΚ
ΚΟΛΎΜΒΗΣΗ
ΤΈΝΙΣ
ΤΑΞΊΔΙ
ΒΌΛΕΪ

73 - Driving

```
Β Ξ Σ Ή Ρ Α Γ Γ Α Έ Ρ Ι Ο Α
Ρ Κ Ι Ν Δ Ύ Ν Ο Υ Ξ Ξ Μ Ξ Σ
Χ Ά Ρ Τ Η Φ Ο Ρ Τ Η Γ Ό Ρ Φ
Γ Ν Ι Ξ Ξ Η Τ Μ Ο Τ Έ Ρ Κ Ά
Χ Κ Μ Ο Τ Ο Σ Υ Κ Λ Έ Τ Α Λ
Τ Υ Α Δ Ψ Α Χ Π Ί Ξ Λ Ι Ύ Ε
Α Κ Χ Ρ Δ Ρ Χ Β Ν Λ Έ Ξ Σ Ι
Ρ Λ Χ Ό Ά Ρ Χ Ύ Η Ί Τ Ψ Ι Α
Ψ Ο Γ Μ Β Ζ Ό Α Τ Ύ Χ Η Μ Α
Χ Φ Ν Ο Ά Π Η Μ Ο Η Ί Ο Ο Λ
Ξ Ο Μ Μ Δ Ε Τ Η Ο Δ Τ Ε Ν Σ
Η Ρ Υ Π Ε Ζ Ό Σ Ν Σ Έ Α Μ Γ
Ρ Ί Α Μ Ι Α Σ Τ Υ Ν Ο Μ Ί Α
Χ Α Η Τ Α Φ Ρ Έ Ν Α Ρ Γ Λ Ί
```

ΑΤΎΧΗΜΑ
ΦΡΈΝΑ
ΑΥΤΟΚΊΝΗΤΟ
ΚΙΝΔΎΝΟΥ
ΚΑΎΣΙΜΟ
ΓΚΑΡΆΖ
ΑΈΡΙΟ
ΆΔΕΙΑ
ΧΆΡΤΗ
ΜΟΤΈΡ

ΜΟΤΟΣΥΚΛΈΤΑ
ΠΕΖΌΣ
ΑΣΤΥΝΟΜΊΑ
ΔΡΌΜΟΣ
ΑΣΦΆΛΕΙΑ
ΤΑΧΎΤΗΤΑ
ΔΡΌΜΟ
ΚΥΚΛΟΦΟΡΊΑ
ΦΟΡΤΗΓΌ
ΣΉΡΑΓΓΑ

74 - Professions #2

```
Υ Φ Ε Υ Π Ι Λ Ο Τ Ι Κ Ή Ψ Τ
Ν Ω Ι Ι Α Τ Ρ Ο Σ Γ Η Δ Β Ο
Ε Τ Β Α Κ Γ Γ Ω Δ Ω Π Ά Χ Δ
Φ Ο Ε Σ Χ Ο Έ Λ Γ Π Ο Σ Μ Ο
Ε Γ Ζ Τ Υ Χ Ν Ι Ν Λ Υ Κ Β Ν
Υ Ρ Ω Ρ Έ Γ Μ Ο Ο Α Ρ Α Ι Τ
Ρ Ά Γ Ο Ί Κ Χ Τ Γ Γ Ό Λ Ο Ί
Έ Φ Ρ Ν Ε Χ Τ Ι Έ Ρ Σ Ο Λ Α
Τ Ο Ά Α Η Η Λ Ι Χ Ο Ά Σ Ό Τ
Η Σ Φ Ύ Ο Β Π Γ Β Τ Η Φ Γ Ρ
Σ Έ Ο Τ Χ Η Γ Ο Ε Η Γ Υ Ο Ο
Τ Ε Σ Η Ο Α Γ Μ Ι Σ Έ Α Σ Σ
Γ Λ Ω Σ Σ Ο Λ Ό Γ Ο Σ Ω Έ Έ
Η Ε Ρ Ε Υ Ν Η Τ Ή Σ Γ Π Χ Υ
```

ΑΣΤΡΟΝΑΎΤΗΣ
ΒΙΟΛΌΓΟΣ
ΟΔΟΝΤΊΑΤΡΟΣ
ΝΤΕΤΈΚΤΙΒ
ΑΓΡΌΤΗΣ
ΚΗΠΟΥΡΌΣ
ΕΙΚΟΝΟΓΡΆΦΟΣ
ΕΦΕΥΡΈΤΗΣ

ΓΛΩΣΣΟΛΌΓΟΣ
ΖΩΓΡΆΦΟΣ
ΦΩΤΟΓΡΆΦΟΣ
ΙΑΤΡΟΣ
ΠΙΛΟΤΙΚΉ
ΕΡΕΥΝΗΤΉΣ
ΔΆΣΚΑΛΟΣ

75 - Emotions

Α	Χ	Α	Λ	Α	Ρ	Ή	Ε	Π	Λ	Ή	Ξ	Η	Ι
Γ	Λ	Ω	Β	Κ	Ω	Σ	Υ	Ε	Α	Ε	Έ	Τ	Κ
Ά	Ψ	Ψ	Μ	Α	Ψ	Γ	Δ	Ρ	Υ	Ρ	Μ	Γ	Α
Π	Ο	Α	Ψ	Λ	Χ	Χ	Α	Ι	Ξ	Λ	Ι	Η	Ν
Η	Ε	Θ	Έ	Ο	Β	Υ	Ι	Ε	Α	Σ	Ε	Ρ	Ο
Γ	Υ	Υ	Β	Σ	Μ	Π	Μ	Χ	Χ	Α	Ρ	Ά	Π
Τ	Ω	Μ	Γ	Ύ	Ο	Β	Ο	Ό	Ε	Υ	Η	Η	Ο
Φ	Έ	Ό	Ο	Ν	Ν	Ν	Ν	Μ	Ι	Έ	Τ	Ρ	Ί
Ξ	Ό	Σ	Τ	Η	Ώ	Τ	Ί	Ε	Ρ	Κ	Ε	Ε	Η
Μ	Η	Β	Μ	Ο	Θ	Μ	Α	Ν	Ή	Π	Α	Μ	Σ
Λ	Λ	Χ	Ο	Η	Π	Λ	Ω	Ο	Ν	Λ	Ο	Ί	Α
Ο	Υ	Ί	Δ	Σ	Ω	Ε	Ί	Ν	Η	Η	Ω	Α	Α
Σ	Υ	Μ	Π	Ό	Ν	Ι	Α	Ψ	Π	Ξ	Α	Σ	Ρ
Α	Ν	Α	Κ	Ο	Ύ	Φ	Ι	Σ	Η	Η	Έ	Χ	Δ

ΘΥΜΌΣ
ΕΥΔΑΙΜΟΝΊΑ
ΠΛΉΞΗ
ΠΕΡΙΕΧΌΜΕΝΟ
ΦΌΒΟΣ
ΕΥΓΝΏΜΩΝ
ΧΑΡΆ
ΚΑΛΟΣΎΝΗ
ΑΓΆΠΗ

ΕΙΡΉΝΗ
ΧΑΛΑΡΉ
ΑΝΑΚΟΎΦΙΣΗ
ΘΛΊΨΗ
ΙΚΑΝΟΠΟΊΗΣΑ
ΈΚΠΛΗΞΗ
ΣΥΜΠΌΝΙΑ
ΗΡΕΜΊΑ

76 - Mythology

Θ	Ι	Ί	Η	Ή	Α	Θ	Α	Ν	Α	Σ	Ί	Α	Ε
Ν	Η	Ο	Β	Α	Ρ	Χ	Έ	Τ	Υ	Π	Ο	Έ	Κ
Η	Τ	Έ	Ρ	Α	Σ	Ω	Μ	Ξ	Έ	Λ	Ί	Δ	Δ
Τ	Μ	Ο	Ο	Σ	Ζ	Τ	Α	Ν	Ί	Ά	Γ	Η	Ί
Ό	Έ	Χ	Ν	Υ	Ή	Ι	Η	Σ	Β	Σ	Τ	Μ	Κ
Σ	Π	Τ	Τ	Μ	Λ	Β	Μ	Ψ	Γ	Μ	Ί	Ι	Η
Έ	Υ	Ν	Ή	Π	Ι	Τ	Σ	Β	Ξ	Α	Α	Ο	Σ
Ί	Ρ	Η	Γ	Ε	Α	Θ	Ρ	Ύ	Λ	Ο	Σ	Υ	Η
Λ	Α	Β	Ύ	Ρ	Ι	Ν	Θ	Ο	Σ	Ο	Τ	Ρ	Ξ
Υ	Π	Ο	Λ	Ι	Τ	Ι	Σ	Μ	Ό	Σ	Ρ	Γ	Η
Λ	Ι	Ξ	Υ	Φ	Ρ	Ν	Α	Ρ	Λ	Λ	Α	Ί	Ν
Α	Μ	Ρ	Ί	Ο	Δ	Ύ	Ν	Α	Μ	Η	Π	Α	Ι
Ρ	Έ	Η	Δ	Ρ	Ξ	Λ	Π	Δ	Λ	Ψ	Ή	Υ	Ψ
Π	Υ	Χ	Χ	Ά	Π	Α	Ι	Η	Ρ	Ω	Ί	Δ	Α

ΑΡΧΈΤΥΠΟ
ΣΥΜΠΕΡΙΦΟΡΆ
ΔΗΜΙΟΥΡΓΊΑ
ΠΛΆΣΜΑ
ΠΟΛΙΤΙΣΜΌΣ
ΉΡΩΑΣ
ΗΡΩΊΔΑ
ΑΘΑΝΑΣΊΑ
ΖΉΛΙΑ

ΛΑΒΎΡΙΝΘΟΣ
ΘΡΎΛΟΣ
ΑΣΤΡΑΠΉ
ΤΈΡΑΣ
ΘΝΗΤΌΣ
ΕΚΔΊΚΗΣΗ
ΔΎΝΑΜΗ
ΒΡΟΝΤΉ

77 - Hair Types

Ί	Π	Μ	Ρ	Η	Π	Α	Χ	Ύ	Ρ	Ο	Μ	Φ
Γ	Ν	Ι	Α	Ρ	Ί	Λ	Κ	Α	Φ	Έ	Μ	Α	Α
Έ	Μ	Π	Ο	Ύ	Κ	Λ	Ε	Σ	Η	Σ	Α	Β	Λ
Υ	Γ	Ι	Ή	Λ	Ρ	Ξ	Γ	Ξ	Ψ	Ο	Λ	Ί	Α
Ω	Υ	Ε	Λ	Β	Ν	Ο	Η	Ψ	Ο	Έ	Ή	Β	Κ
Α	Μ	Π	Λ	Ε	Γ	Μ	Έ	Ν	Ο	Ύ	Ι	Δ	Ρ
Σ	Α	Ε	Η	Τ	Έ	Ω	Ψ	Ί	Ξ	Ι	Δ	Λ	Ό
Η	Λ	Α	Μ	Π	Ε	Ρ	Ά	Ξ	Η	Ρ	Ό	Ε	Σ
Μ	Α	Σ	Γ	Κ	Ρ	Ι	Ι	Α	Σ	Ω	Ί	Υ	Σ
Έ	Κ	Γ	Λ	Ε	Π	Τ	Ή	Ν	Α	Ι	Ψ	Κ	Ν
Ν	Ό	Ο	Δ	Έ	Μ	Ρ	Ί	Θ	Ρ	Ν	Ι	Ό	Τ
Ι	Υ	Υ	Ν	Ρ	Τ	Β	Τ	Ά	Σ	Έ	Υ	Ψ	Ξ
Ο	Π	Ρ	Δ	Τ	Μ	Α	Κ	Ρ	Ύ	Ξ	Ψ	Ρ	Ί
Π	Χ	Ά	Χ	Ε	Ό	Τ	Ν	Α	Ε	Ι	Υ	Ψ	Ξ

ΦΑΛΑΚΡΌΣ
ΜΑΎΡΟ
ΞΑΝΘΆ
ΠΛΕΓΜΈΝΟ
ΠΛΕΞΟΎΔΕΣ
ΚΑΦΈ
ΜΠΟΎΚΛΕΣ
ΣΓΟΥΡΆ
ΞΗΡΌ
ΓΚΡΙ

ΥΓΙΉ
ΜΑΚΡΎ
ΛΑΜΠΕΡΆ
ΚΟΝΤΌ
ΑΣΗΜΈΝΙΟ
ΟΜΑΛΉ
ΜΑΛΑΚΌ
ΠΑΧΎ
ΛΕΠΤΉ
ΛΕΥΚΌ

78 - Furniture

```
Υ Χ Ψ Ρ Δ Γ Ρ Α Φ Ε Ί Ο Π Κ
Κ Α Ρ Έ Κ Λ Α Ι Γ Α Η Ω Α Α
Ί Λ Ά Κ Λ Σ Ν Ώ Ε Ξ Ν Λ Γ Θ
Ρ Ί Φ Α Κ Ο Υ Ρ Τ Ί Ν Α Κ Ρ
Γ Ψ Ι Ν Έ Μ Ψ Α Ε Π Ξ Ί Ά Ε
Γ Ν Α Α Σ Π Α Η Σ Η Ξ Μ Κ Φ
Σ Ξ Ψ Π Σ Α Ο Ξ Ι Γ Υ Χ Ι Τ
Χ Ν Η Έ Β Ι Β Λ Ι Ο Θ Ή Κ Η
Κ Ρ Ε Β Ά Τ Ι Ά Υ Λ Δ Ν Ω Σ
Σ Τ Ρ Ώ Μ Α Έ Μ Δ Θ Ά Ο Λ Η
Λ Ν Η Π Α Ι Δ Π Ί Α Ρ Ρ Ί Β
Φ Ο Υ Τ Ό Ν Ο Α Τ Α Μ Ό Ι Ω
Ί Ψ Ξ Σ Μ Α Ξ Ι Λ Ά Ρ Ι Ν Α
Ι Δ Ρ Λ Κ Ο Μ Μ Ό Ξ Ί Χ Ρ Α
```

ΠΟΛΥΘΡΌΝΑ   ΚΟΜΜΌ
ΚΡΕΒΆΤΙ   ΦΟΥΤΌΝ
ΠΑΓΚΆΚΙ   ΑΙΏΡΑ
ΒΙΒΛΙΟΘΉΚΗ   ΛΆΜΠΑ
ΚΑΡΈΚΛΑ   ΣΤΡΏΜΑ
ΚΑΝΑΠΈ   ΚΑΘΡΈΦΤΗΣ
ΚΟΥΡΤΊΝΑ   ΜΑΞΙΛΆΡΙ
ΜΑΞΙΛΆΡΙΑ   ΧΑΛΊ
ΓΡΑΦΕΊΟ   ΡΆΦΙΑ

79 - Garden

Τ	Σ	Ο	Υ	Γ	Κ	Ρ	Ά	Ν	Α	Χ	Τ	Π	Β
Δ	Β	Δ	Λ	Β	Έ	Ή	Χ	Ί	Η	Γ	Ρ	Ε	Ε
Έ	Έ	Ί	Β	Μ	Υ	Ε	Π	Ω	Μ	Ψ	Α	Ρ	Ρ
Ν	Υ	Ί	Ί	Ν	Ι	Ψ	Ο	Ο	Ρ	Α	Μ	Ι	Ά
Τ	Α	Μ	Π	Έ	Λ	Ι	Ρ	Ί	Σ	Β	Π	Β	Ν
Ρ	Τ	Σ	Τ	Β	Ε	Ω	Ε	Π	Υ	Π	Ο	Ό	Τ
Ο	Σ	Μ	Β	Λ	Σ	Ω	Λ	Ή	Ν	Α	Λ	Λ	Α
Γ	Ρ	Α	Σ	Ί	Δ	Ι	Ο	Φ	Ζ	Γ	Ί	Ι	Χ
Κ	Κ	Μ	Ν	Μ	Η	Φ	Υ	Ρ	Ι	Κ	Ν	Ω	Δ
Α	Α	Α	Ψ	Ν	Ε	Τ	Λ	Α	Ζ	Ά	Ο	Δ	Ν
Ρ	Ξ	Ι	Ζ	Η	Ν	Υ	Ο	Κ	Ά	Κ	Ξ	Α	Ψ
Ά	Σ	Ω	Ώ	Ό	Ψ	Ά	Ύ	Τ	Ν	Ι	Β	Ο	Ε
Ζ	Λ	Χ	Β	Ρ	Ν	Ρ	Δ	Η	Ι	Π	Ψ	Ι	Ε
Ν	Ξ	Ω	Ο	Π	Α	Ι	Ι	Σ	Α	Σ	Υ	Ξ	Ι

ΠΑΓΚΆΚΙ
ΦΡΆΚΤΗΣ
ΛΟΥΛΟΎΔΙ
ΓΚΑΡΆΖ
ΚΉΠΟΣ
ΓΡΑΣΊΔΙ
ΑΙΏΡΑ
ΣΩΛΉΝΑ
ΓΚΑΖΌΝ

ΠΕΡΙΒΌΛΙ
ΛΊΜΝΗ
ΤΣΟΥΓΚΡΆΝΑ
ΦΤΥΆΡΙ
ΒΕΡΆΝΤΑ
ΤΡΑΜΠΟΛΊΝΟ
ΔΈΝΤΡΟ
ΑΜΠΈΛΙ
ΖΙΖΆΝΙΑ

80 - Birthday

Γ	Δ	Ε	Λ	Π	Μ	Α	Ί	Λ	Η	Κ	Έ	Ι	Κ
Ξ	Ν	Α	Υ	Χ	Ξ	Τ	Γ	Χ	Μ	Ά	Ε	Τ	Ε
Χ	Α	Ρ	Ο	Ύ	Μ	Ε	Ν	Ο	Ε	Ρ	Υ	Ρ	Ι
Ω	Χ	Δ	Ψ	Μ	Έ	Α	Χ	Π	Ρ	Τ	Τ	Α	Ε
Ψ	Ε	Ξ	Ώ	Έ	Δ	Ι	Ε	Σ	Ο	Ε	Υ	Γ	Ψ
Η	Χ	Ο	Λ	Ρ	Ι	Γ	Ι	Α	Λ	Σ	Χ	Ο	Σ
Ω	Ί	Υ	Γ	Α	Α	Γ	Δ	Ο	Ό	Ο	Ι	Ύ	Ε
Φ	Ί	Λ	Ο	Ι	Σ	Ι	Ι	Γ	Φ	Σ	Δ	Τ
Δ	Ώ	Ρ	Ο	Τ	Κ	Ο	Κ	Π	Ι	Ί	Μ	Ι	Ο
Ν	Σ	Η	Σ	Τ	Έ	Ρ	Ή	Ε	Ο	Α	Έ	Έ	Σ
Δ	Ψ	Δ	Η	Ί	Δ	Τ	Ψ	Σ	Ρ	Α	Ν	Π	Γ
Έ	Ο	Ξ	Ί	Ε	Α	Η	Έ	Υ	Δ	Ί	Ο	Τ	Υ
Χ	Ι	Π	Ρ	Ό	Σ	Κ	Λ	Η	Σ	Η	Ω	Π	Γ
Σ	Σ	Σ	Μ	Π	Η	Χ	Σ	Ω	Λ	Η	Ξ	Β	Ο

ΚΈΙΚ
ΗΜΕΡΟΛΌΓΙΟ
ΚΕΡΊ
ΚΆΡΤΕΣ
ΓΙΟΡΤΉ
ΜΈΡΑ
ΦΊΛΟΙ
ΔΙΑΣΚΈΔΑΣΗ
ΔΏΡΟ

ΕΥΤΥΧΙΣΜΈΝΟ
ΠΡΌΣΚΛΗΣΗ
ΧΑΡΟΎΜΕΝΟ
ΤΡΑΓΟΎΔΙ
ΕΙΔΙΚΉ
ΏΡΑ
ΣΟΦΊΑ
ΕΤΟΣ

81 - Beach

Κ	Α	Β	Ο	Ύ	Ρ	Ι	Ι	Ξ	Μ	Π	Λ	Ε	Ά
Τ	Ι	Σ	Μ	Π	Ε	Τ	Σ	Έ	Τ	Α	Ί	Ν	Μ
Η	Τ	Ο	Π	Α	Γ	Ο	Τ	Ρ	Υ	Η	Ε	Ο	Μ
Γ	Α	Έ	Ρ	Δ	Ν	Σ	Ι	Α	Ε	Ξ	Ι	Έ	Ο
Ι	Ρ	Χ	Έ	Ξ	Σ	Ω	Ο	Η	Ί	Λ	Ί	Ψ	Α
Σ	Έ	Ε	Λ	Ο	Ί	Ε	Φ	Υ	Ψ	Ψ	Χ	Θ	Π
Α	Ν	Ο	Α	Ρ	Ψ	Ω	Ό	Ξ	Τ	Έ	Χ	Ά	Ο
Ν	Η	Σ	Ί	Β	Ω	Υ	Ρ	Ί	Π	Λ	Λ	Λ	Β
Δ	Σ	Τ	Β	Ί	Ά	Κ	Ο	Χ	Ύ	Λ	Ι	Α	Ά
Ά	Ή	Λ	Ι	Ο	Σ	Ρ	Ε	Ω	Ε	Μ	Ρ	Σ	Θ
Λ	Π	Έ	Λ	Χ	Β	Τ	Κ	Α	Μ	Λ	Π	Σ	Ρ
Ι	Υ	Τ	Χ	Π	Χ	Ω	Ξ	Α	Ν	Ξ	Η	Α	Α
Α	Α	Κ	Τ	Ή	Ψ	Π	Δ	Ρ	Δ	Ό	Π	Ξ	Χ
Ν	Γ	Λ	Ι	Μ	Ν	Ο	Θ	Ά	Λ	Α	Σ	Σ	Α

ΜΠΛΕ
ΒΆΡΚΑ
ΑΚΤΉ
ΚΑΒΟΎΡΙ
ΑΠΟΒΆΘΡΑ
ΝΗΣΊ
ΛΙΜΝΟΘΆΛΑΣΣΑ
ΩΚΕΑΝΌΣ
ΞΈΡΑ
ΙΣΤΙΟΦΌΡΟ
ΆΜΜΟ
ΣΑΝΔΆΛΙΑ
ΘΆΛΑΣΣΑ
ΚΟΧΎΛΙΑ
ΉΛΙΟΣ
ΠΕΤΣΈΤΑ
ΟΜΠΡΈΛΑ

82 - Adjectives #1

Α	Ω	Η	Ξ	Ξ	Β	Κ	Έ	Η	Ω	Α	Ν	Σ	Σ
Φ	Ρ	Σ	Α	Β	Ο	Α	Τ	Ί	Τ	Ρ	Δ	Έ	Κ
Ι	Β	Γ	Λ	Μ	Η	Λ	Ρ	Δ	Β	Ω	Σ	Π	Ο
Λ	Χ	Ε	Ή	Ψ	Ί	Λ	Ε	Ι	Σ	Μ	Ο	Γ	Ύ
Ό	Μ	Ο	Ρ	Φ	Η	Ι	Λ	Α	Ά	Α	Β	Ε	Ρ
Δ	Σ	Ε	Τ	Σ	Ρ	Τ	Κ	Π	Μ	Τ	Α	Ν	Ο
Ο	Η	Λ	Ξ	Ε	Α	Ε	Υ	Ό	Ο	Ι	Ρ	Ν	Χ
Ξ	Μ	Μ	Λ	Ω	Μ	Χ	Σ	Λ	Ν	Κ	Ή	Α	Ρ
Ο	Α	Π	Ψ	Χ	Τ	Ν	Τ	Υ	Τ	Ό	Λ	Ι	Ή
Υ	Ν	Α	Η	Ψ	Λ	Ι	Ι	Τ	Έ	Ι	Ε	Ό	Σ
Ι	Τ	Ψ	Δ	Ν	Ε	Κ	Κ	Η	Ρ	Υ	Π	Δ	Ι
Τ	Ι	Υ	Γ	Ν	Λ	Ή	Ό	Ό	Ν	Ι	Τ	Ω	Μ
Ν	Κ	Τ	Ε	Ρ	Ά	Σ	Τ	Ι	Ο	Α	Ή	Ρ	Η
Β	Ό	Π	Ο	Λ	Ύ	Τ	Ι	Μ	Α	Έ	Η	Η	Ω

ΑΠΌΛΥΤΗ
ΦΙΛΌΔΟΞΟ
ΑΡΩΜΑΤΙΚΌ
ΚΑΛΛΙΤΕΧΝΙΚΉ
ΕΛΚΥΣΤΙΚΌ
ΌΜΟΡΦΗ
ΣΚΟΎΡΟ
ΕΞΩΤΙΚΌ
ΓΕΝΝΑΙΌΔΩΡΗ
ΒΑΡΙΆ

ΧΡΉΣΙΜΗ
ΤΕΡΆΣΤΙΟ
ΊΔΙΑ
ΣΗΜΑΝΤΙΚΌ
ΜΟΝΤΈΡΝΟ
ΣΟΒΑΡΉ
ΑΡΓΉ
ΛΕΠΤΉ
ΠΟΛΎΤΙΜΑ

83 - Rainforest

```
Π Ο Ι Κ Ι Λ Ί Α Ο Μ Ε Σ Δ Λ
Χ Ο Α Γ Α Μ Φ Ί Β Ι Α Ύ Ι Ρ
Υ Ν Υ Ε Π Ι Β Ί Ω Σ Η Ν Α Χ
Β Θ Η Λ Α Σ Τ Ι Κ Ά Ω Ν Τ Κ
Ο Ε Β Ι Ι Ί Γ Ρ Φ Λ Έ Ε Ή Λ
Β Α Ζ Έ Σ Ά Υ Τ Έ Ύ Β Φ Ρ Ί
Ρ Ρ Ο Β Έ Ξ Δ Τ Ν Μ Σ Α Η Μ
Α Χ Ύ Ν Β Α Ι Γ Τ Μ Π Η Σ Α
Σ Γ Γ Α Ο Ι Ε Τ Ο Έ Π Γ Η Ν
Η Β Κ Ω Μ Ρ Ν Ψ Μ Τ Ί Ρ Ν Ε
Ν Ε Λ Λ Α Π Ν Τ Α Έ Ξ Ρ Γ Ω
Τ Σ Α Χ Ι Ε Ί Δ Ο Σ Ί Π Έ Ι
Κ Α Τ Α Φ Ύ Γ Ι Ο Ο Μ Τ Β Α
Χ Γ Η Β Ο Τ Α Ν Ι Κ Ή Η Ί Λ
```

ΑΜΦΊΒΙΑ
ΠΟΥΛΙΆ
ΒΟΤΑΝΙΚΉ
ΚΛΊΜΑ
ΣΎΝΝΕΦΑ
ΠΟΙΚΙΛΊΑ
ΈΝΤΟΜΑ
ΖΟΎΓΚΛΑ
ΘΗΛΑΣΤΙΚΆ
ΒΡΎΑ
ΦΎΣΗ
ΔΙΑΤΉΡΗΣΗ
ΚΑΤΑΦΎΓΙΟ
ΣΈΒΟΜΑΙ
ΕΊΔΟΣ
ΕΠΙΒΊΩΣΗ

84 - Technology

Έ	Λ	Μ	Έ	Δ	Γ	Α	Έ	Π	Υ	Δ	Ο	Δ	Ι
Β	Β	Ξ	Ρ	Τ	Λ	Σ	Χ	Ε	Π	Ι	Θ	Ε	Σ
Ψ	Ο	Λ	Ε	Α	Ο	Φ	Ψ	Ρ	Ο	Α	Ό	Δ	Τ
Η	Σ	Ψ	Υ	Δ	Γ	Ά	Υ	Ι	Λ	Δ	Ν	Ο	Ο
Φ	Μ	Τ	Ν	Ξ	Ι	Λ	Ο	Ή	Ο	Ί	Η	Μ	Λ
Ι	Δ	Σ	Α	Α	Σ	Ε	Ξ	Γ	Γ	Κ	Ο	Έ	Ό
Ο	Γ	Υ	Ρ	Τ	Μ	Ι	Έ	Η	Ι	Τ	Έ	Ν	Γ
Λ	Έ	Μ	Χ	Ρ	Ι	Α	Γ	Σ	Σ	Υ	Ν	Α	Ι
Έ	Μ	Χ	Ε	Η	Κ	Σ	Α	Η	Τ	Ο	Τ	Α	Ο
Ξ	Δ	Ξ	Ί	Έ	Ό	Ι	Τ	Σ	Ή	Λ	Γ	Γ	Χ
Ε	Ι	Κ	Ο	Ν	Ι	Κ	Ή	Ι	Ω	Ι	Ω	Η	Έ
Ι	Μ	Ή	Ν	Υ	Μ	Α	Ψ	Υ	Κ	Ι	Ό	Σ	Ί
Σ	Ψ	Η	Φ	Ι	Α	Κ	Ή	Η	Α	Ή	Λ	Μ	Ψ
Ί	Ρ	Δ	Ρ	Ο	Μ	Ε	Α	Σ	Μ	Μ	Β	Π	Χ

ΙΣΤΟΛΌΓΙΟ
ΠΕΡΙΉΓΗΣΗΣ
ΨΗΦΙΟΛΈΞΕΙΣ
ΥΠΟΛΟΓΙΣΤΉ
ΔΡΟΜΕΑΣ
ΔΕΔΟΜΈΝΑ
ΨΗΦΙΑΚΉ
ΑΡΧΕΊΟ
ΔΙΑΔΊΚΤΥΟ

ΜΉΝΥΜΑ
ΈΡΕΥΝΑ
ΟΘΌΝΗ
ΑΣΦΆΛΕΙΑ
ΛΟΓΙΣΜΙΚΌ
ΣΤΑΤΙΣΤΙΚΉ
ΕΙΚΟΝΙΚΉ
ΪΟΣ

85 - Landscapes

Ν	Π	Λ	Α	Χ	Τ	Ν	Π	Π	Δ	Σ	Τ	Π	Δ
Χ	Α	Α	Ί	Σ	Ο	Γ	Η	Ο	Ί	Α	Ω	Ξ	Ξ
Ε	Γ	Ψ	Χ	Μ	Ύ	Ι	Β	Σ	Τ	Ο	Ω	Ν	Ψ
Ρ	Ε	Ε	Χ	Η	Ν	Ρ	Ά	Π	Ί	Α	Χ	Έ	Ί
Σ	Τ	Ρ	Ω	Φ	Δ	Η	Λ	Ή	Ω	Ξ	Μ	Π	Τ
Ό	Ώ	Ή	Π	Α	Ρ	Ω	Τ	Λ	Ε	Γ	Τ	Ό	Μ
Ν	Ν	Μ	Α	Ί	Α	Κ	Ο	Α	Ό	Α	Σ	Η	Σ
Η	Α	Ο	Γ	Σ	Π	Ε	Σ	Ι	Λ	Ό	Φ	Ο	Ξ
Σ	Σ	Υ	Ό	Τ	Α	Α	Β	Ο	Υ	Ν	Ό	Έ	Α
Ο	Β	Ψ	Β	Ε	Ρ	Ν	Θ	Ά	Λ	Α	Σ	Σ	Α
Ε	Ρ	Ψ	Ο	Ι	Α	Ό	Κ	Ο	Ι	Λ	Ά	Δ	Α
Ω	Ά	Τ	Υ	Ο	Λ	Σ	Ξ	Μ	Β	Β	Ε	Υ	Τ
Τ	Χ	Ι	Ν	Ν	Ί	Ί	Λ	Ί	Ω	Ε	Π	Ί	Ρ
Α	Ο	Τ	Ο	Κ	Α	Τ	Α	Ρ	Ρ	Ά	Κ	Τ	Η

ΠΑΡΑΛΊΑ
ΣΠΉΛΑΙΟ
ΒΡΆΧΟ
ΕΡΉΜΟΥ
ΠΑΓΕΤΏΝΑΣ
ΛΌΦΟ
ΠΑΓΌΒΟΥΝΟ
ΝΗΣΊ
ΛΊΜΝΗ
ΒΟΥΝΌ

ΌΑΣΗ
ΩΚΕΑΝΌΣ
ΧΕΡΣΌΝΗΣΟ
ΠΟΤΑΜΌΣ
ΘΆΛΑΣΣΑ
ΒΆΛΤΟΣ
ΤΟΎΝΔΡΑ
ΚΟΙΛΆΔΑ
ΗΦΑΊΣΤΕΙΟ
ΚΑΤΑΡΡΆΚΤΗ

86 - Visual Arts

Ν	Κ	Α	Π	Α	Δ	Δ	Φ	Κ	Κ	Ν	Υ	Ί	Ζ
Δ	Ί	Ρ	Ρ	Ρ	Π	Ω	Α	Ξ	Ε	Η	Β	Ω
Π	Μ	Ι	Ο	Χ	Γ	Μ	Τ	Λ	Ο	Ξ	Ρ	Α	Γ
Ο	Ω	Σ	Ο	Ι	Λ	Ε	Ο	Λ	Κ	Ξ	Β	Ί	Ρ
Λ	Α	Τ	Π	Τ	Υ	Ί	Γ	Ι	Ε	Δ	Σ	Π	Α
Υ	Ί	Ο	Τ	Ε	Π	Ο	Ρ	Τ	Ρ	Έ	Τ	Ο	Φ
Γ	Α	Ύ	Ι	Κ	Τ	Ε	Α	Έ	Α	Χ	Υ	Ω	Ι
Ρ	Τ	Ρ	Κ	Τ	Ι	Ρ	Φ	Χ	Μ	Β	Λ	Ρ	Κ
Ά	Α	Γ	Ή	Ο	Κ	Λ	Ί	Ν	Ι	Ι	Ό	Ή
Φ	Ι	Η	Ψ	Ν	Ή	Μ	Α	Η	Κ	Έ	Α	Η	Β
Ο	Ν	Μ	Έ	Ι	Λ	Ρ	Δ	Σ	Ή	Λ	Π	Έ	Ε
Ψ	Ί	Α	Χ	Κ	Κ	Ά	Ρ	Β	Ο	Υ	Ν	Ο	Γ
Ί	Α	Τ	Έ	Ή	Υ	Κ	Α	Β	Α	Λ	Έ	Τ	Ο
Μ	Ο	Λ	Ύ	Β	Ι	Β	Ε	Ρ	Ν	Ί	Κ	Ι	Σ

ΑΡΧΙΤΕΚΤΟΝΙΚΉ
ΚΑΛΛΙΤΈΧΝΗΣ
ΚΕΡΑΜΙΚΉ
ΚΙΜΩΛΊΑ
ΚΆΡΒΟΥΝΟ
ΚΑΒΑΛΈΤΟ
ΤΑΙΝΊΑ
ΑΡΙΣΤΟΎΡΓΗΜΑ
ΖΩΓΡΑΦΙΚΉ

ΣΤΥΛΌ
ΜΟΛΎΒΙ
ΠΡΟΟΠΤΙΚΉ
ΦΩΤΟΓΡΑΦΊΑ
ΠΟΡΤΡΈΤΟ
ΓΛΥΠΤΙΚΉ
ΠΟΛΎΓΡΑΦΟ
ΒΕΡΝΊΚΙ
ΚΕΡΊ

87 - Plants

Τ	Έ	Δ	Ω	Κ	Σ	Λ	Ρ	Χ	Π	Β	Ψ	Ν	Ω
Α	Α	Δ	Π	Ή	Β	Τ	Ί	Μ	Έ	Ρ	Χ	Ν	Δ
Α	Μ	Τ	Λ	Π	Λ	Δ	Ζ	Π	Τ	Ύ	Ι	Ν	Ά
Η	Δ	Α	Σ	Ο	Σ	Ν	Α	Α	Α	Γ	Π	Ν
Χ	Ω	Γ	Δ	Σ	Υ	Π	Σ	Μ	Λ	Σ	Υ	Ι	Θ
Ξ	Ψ	Ο	Ι	Δ	Β	Λ	Λ	Π	Ο	Μ	Μ	Α	Ο
Χ	Λ	Ω	Ρ	Ί	Δ	Α	Ο	Ο	Ε	Η	Ο	Α	Σ
Χ	Δ	Έ	Ν	Τ	Ρ	Ο	Α	Ύ	Έ	Ν	Ύ	Ν	Κ
Ε	Υ	Ω	Μ	Γ	Ρ	Α	Σ	Ί	Δ	Ι	Ρ	Α	Ι
Φ	Ύ	Λ	Λ	Ω	Μ	Α	Υ	Ψ	Ε	Ι	Ο	Κ	Σ
Φ	Α	Σ	Ό	Λ	Ι	Κ	Ά	Κ	Τ	Ο	Σ	Ό	Σ
Β	Ο	Τ	Α	Ν	Ι	Κ	Ή	Ξ	Η	Η	Δ	Π	Ό
Β	Λ	Ά	Σ	Τ	Η	Σ	Η	Μ	Α	Χ	Δ	Τ	Σ
Δ	Π	Π	Μ	Ε	Η	Γ	Δ	Σ	Ι	Σ	Ω	Ω	Μ

ΜΠΑΜΠΟΎ
ΦΑΣΌΛΙ
ΜΟΎΡΟ
ΆΝΘΟΣ
ΒΟΤΑΝΙΚΉ
ΚΆΚΤΟΣ
ΛΊΠΑΣΜΑ
ΧΛΩΡΊΔΑ
ΛΟΥΛΟΎΔΙ
ΦΎΛΛΩΜΑ

ΔΆΣΟΣ
ΚΉΠΟΣ
ΓΡΑΣΊΔΙ
ΚΙΣΣΌΣ
ΒΡΎΑ
ΠΈΤΑΛΟ
ΡΊΖΑ
ΑΝΑΚΌΠΤΩ
ΔΈΝΤΡΟ
ΒΛΆΣΤΗΣΗ

88 - Countries #2

Γ	Ψ	Α	Π	Γ	Δ	Γ	Ι	Δ	Ί	Δ	Λ	Ε	Γ
Ο	Υ	Γ	Κ	Ά	Ν	Τ	Α	Α	Τ	Γ	Ί	Ρ	Ψ
Σ	Σ	Γ	Δ	Δ	Ρ	Ν	Μ	Ν	Π	Η	Β	Ω	Ψ
Ν	Υ	Ι	Λ	Ι	Β	Ε	Ρ	Ί	Α	Ω	Α	Ι	Α
Π	Δ	Ρ	Ν	Σ	Ν	Π	Ψ	Α	Α	Ί	Ν	Ψ	Τ
Ψ	Α	Έ	Ί	Χ	Β	Ά	Τ	Σ	Ε	Μ	Ο	Ί	Ζ
Π	Β	Κ	Η	Α	Μ	Λ	Λ	Δ	Ρ	Ω	Σ	Ί	Α
Λ	Ο	Α	Ι	Μ	Γ	Ά	Α	Ε	Τ	Υ	Ο	Π	Μ
Ξ	Τ	Ί	Μ	Σ	Ί	Ο	Ϊ	Λ	Ο	Π	Υ	Δ	Ά
Γ	Μ	Μ	Δ	Π	Τ	Σ	Τ	Λ	Ο	Π	Δ	Γ	Ι
Μ	Ε	Ξ	Ι	Κ	Ό	Ά	Ή	Ά	Έ	Σ	Ά	Ψ	Κ
Ν	Ι	Γ	Η	Ρ	Ί	Α	Ν	Δ	Ο	Μ	Ν	Λ	Α
Δ	Ω	Η	Ω	Ε	Σ	Ο	Μ	Α	Λ	Ί	Α	Β	Μ
Α	Ι	Θ	Ι	Ο	Π	Ί	Α	Λ	Β	Α	Ν	Ί	Α

ΑΛΒΑΝΊΑ
ΔΑΝΊΑ
ΑΙΘΙΟΠΊΑ
ΕΛΛΆΔΑ
ΑΪΤΉ
ΤΖΑΜΆΙΚΑ
ΙΑΠΩΝΊΑ
ΛΆΟΣ
ΛΊΒΑΝΟΣ
ΛΙΒΕΡΊΑ
ΜΕΞΙΚΌ
ΝΕΠΆΛ
ΝΙΓΗΡΊΑ
ΠΑΚΙΣΤΆΝ
ΡΩΣΊΑ
ΣΟΜΑΛΊΑ
ΣΟΥΔΆΝ
ΣΥΡΊΑ
ΟΥΓΚΆΝΤΑ

89 - Ecology

Β	Ε	Β	Ο	Ε	Π	Ι	Β	Ί	Ω	Σ	Η	Χ	Ί
Ι	Λ	Π	Κ	Λ	Ί	Μ	Α	Έ	Ε	Ο	Υ	Μ	Ρ
Ώ	Έ	Ά	Ί	Σ	Δ	Ι	Λ	Χ	Β	Λ	Η	Ν
Σ	Φ	Υ	Σ	Ι	Κ	Ή	Ο	Τ	Ε	Κ	Φ	Ω	Ι
Ί	Ύ	Π	Π	Τ	Ο	Α	Δ	Σ	Β	Ο	Υ	Ν	Ά
Μ	Σ	Ό	Ι	Α	Η	Π	Ρ	Ί	Έ	Ι	Τ	Π	Α
Η	Η	Ρ	Θ	Ι	Ν	Σ	Π	Ξ	Ι	Ν	Ά	Ο	Υ
Ο	Γ	Ω	Α	Β	Ω	Ί	Η	Η	Τ	Ό	Ε	Ι	Λ
Χ	Τ	Ν	Λ	Ο	Ψ	Ι	Δ	Ρ	Ο	Τ	Α	Κ	Ω
Η	Σ	Π	Ά	Α	Ί	Ρ	Τ	Α	Ν	Η	Ο	Ι	Γ
Ξ	Ω	Σ	Σ	Έ	Ρ	Ψ	Ξ	Σ	Β	Τ	Λ	Λ	Ω
Ν	Ί	Ν	Σ	Χ	Λ	Ω	Ρ	Ί	Δ	Α	Ω	Ί	Δ
Α	Ο	Ν	Ι	Γ	Ι	Δ	Ψ	Α	Ξ	Ί	Β	Α	Ω
Λ	Η	Β	Ο	Ί	Π	Α	Γ	Κ	Ό	Σ	Μ	Ι	Α

ΚΛΊΜΑ
ΚΟΙΝΌΤΗΤΑ
ΠΟΙΚΙΛΊΑ
ΞΗΡΑΣΊΑ
ΠΑΝΊΔΑ
ΧΛΩΡΊΔΑ
ΠΑΓΚΌΣΜΙΑ
ΘΑΛΆΣΣΙΟ
ΒΟΥΝΆ

ΦΥΣΙΚΉ
ΦΎΣΗ
ΦΥΤΆ
ΠΌΡΩΝ
ΕΊΔΟΣ
ΕΠΙΒΊΩΣΗ
ΒΙΏΣΙΜΗ
ΒΛΆΣΤΗΣΗ

90 - Adjectives #2

```
Υ Π Ν Η Λ Ί Α Έ Ξ Υ Κ Φ Α Π
Η Γ Ρ Π Ε Γ Χ Χ Η Π Ο Υ Υ Ε
Ν Π Ι Ο Α Ι Χ Τ Ρ Ε Μ Σ Θ Ρ
Γ Ε Δ Ή Ι Ρ Π Ν Ό Ρ Ψ Ι Ε Ι
Υ Ι Η Α Ά Κ Α Ρ Ν Ο Ό Κ Ν Γ
Π Ν Μ Λ Γ Έ Ι Γ Λ Χ Δ Ή Τ Ρ
Ε Α Ι Μ Ρ Λ Δ Σ Ω Η Β Ρ Ι Α
Ύ Σ Ο Υ Ι Ν Υ Ε Μ Γ Ν Ω Κ Φ
Θ Μ Υ Ρ Ο Υ Ζ Γ Ψ Έ Ι Υ Ό Ι
Υ Έ Ρ Ή Ί Ω Ε Ρ Ο Α Ν Κ Έ Κ
Ν Ν Γ Έ Ρ Ι Σ Χ Υ Ρ Ή Ο Ή Ό
Ο Ο Ι Τ Ε Γ Τ Ν Έ Α Μ Χ Σ Χ
Σ Σ Κ Ξ Ξ Σ Ό Δ Ι Ά Σ Η Μ Η
Τ Ρ Ή Ε Ν Δ Ι Α Φ Έ Ρ Ο Ν Δ
```

ΑΥΘΕΝΤΙΚΌ
ΔΗΜΙΟΥΡΓΙΚΉ
ΠΕΡΙΓΡΑΦΙΚΌ
ΞΗΡΌ
ΚΟΜΨΌ
ΔΙΆΣΗΜΗ
ΠΡΟΙΚΙΣΜΈΝΟΣ
ΥΓΙΉ
ΖΕΣΤΌ
ΠΕΙΝΑΣΜΈΝΟΣ
ΕΝΔΙΑΦΈΡΟΝ
ΦΥΣΙΚΉ
ΝΈΑ
ΠΑΡΑΓΩΓΙΚΉ
ΥΠΕΡΟΧΗ
ΥΠΕΎΘΥΝΟΣ
ΑΛΜΥΡΉ
ΥΠΝΗΛΊΑ
ΙΣΧΥΡΉ
ΆΓΡΙΟ

91 - Math

Α	Σ	Υ	Μ	Μ	Ε	Τ	Ρ	Ί	Α	Ι	Α	Ω	Ψ
Ρ	Ρ	Ψ	Τ	Λ	Ε	Κ	Θ	Έ	Τ	Η	Π	Ε	Ο
Ι	Δ	Ι	Α	Ί	Ρ	Ε	Σ	Η	Ο	Ι	Ι	Μ	Α
Θ	Τ	Ω	Θ	Δ	Ι	Ά	Μ	Ε	Τ	Ρ	Ο	Σ	Γ
Μ	Π	Σ	Δ	Μ	Ε	Ξ	Ί	Σ	Ω	Σ	Η	Τ	Ω
Ο	Ο	Π	Ε	Υ	Η	Π	Λ	Α	Τ	Ε	Ί	Α	Ν
Ί	Λ	Κ	Κ	Ε	Δ	Τ	Έ	Ν	Τ	Α	Σ	Η	Ί
Χ	Ύ	Λ	Α	Π	Ε	Ρ	Ι	Φ	Έ	Ρ	Ε	Ι	Α
Ε	Γ	Ά	Δ	Η	Ξ	Α	Ν	Κ	Α	Ί	Σ	Γ	Κ
Έ	Ω	Σ	Ι	Ί	Ν	Π	Ν	Μ	Ή	Ξ	Τ	Ψ	Τ
Γ	Ν	Μ	Κ	Γ	Ε	Ω	Μ	Ε	Τ	Ρ	Ί	Α	Ί
Ί	Ο	Α	Ό	Π	Ε	Ρ	Ί	Μ	Ε	Τ	Ρ	Ο	Ν
Μ	Η	Π	Α	Ρ	Ά	Λ	Λ	Η	Λ	Η	Έ	Ψ	Α
Λ	Π	Ε	Χ	Τ	Ρ	Ι	Γ	Ώ	Ν	Ο	Υ	Ν	Λ

ΓΩΝΊΑ
ΑΡΙΘΜΗΤΙΚΉ
ΠΕΡΙΦΈΡΕΙΑ
ΔΕΚΑΔΙΚΌ
ΔΙΆΜΕΤΡΟΣ
ΔΙΑΊΡΕΣΗ
ΕΞΊΣΩΣΗ
ΕΚΘΈΤΗ
ΚΛΆΣΜΑ
ΓΕΩΜΕΤΡΊΑ
ΑΡΙΘΜΟΊ
ΠΑΡΆΛΛΗΛΗ
ΠΕΡΊΜΕΤΡΟ
ΠΟΛΎΓΩΝΟ
ΑΚΤΊΝΑ
ΠΛΑΤΕΊΑ
ΣΥΜΜΕΤΡΊΑ
ΤΡΙΓΏΝΟΥ
ΈΝΤΑΣΗ

92 - Water

Κ	Π	Ό	Σ	Ι	Μ	Ο	Σ	Α	Ω	Τ	Υ	Ο	Ξ
Π	Α	Π	Ε	Η	Ί	Δ	Σ	Τ	Π	Ά	Γ	Ο	Σ
Ο	Β	Ν	Ξ	Ά	Ρ	Β	Ί	Μ	Λ	Ο	Ρ	Υ	Ν
Τ	Μ	Τ	Ά	Υ	Ρ	Χ	Ν	Ο	Ι	Ί	Ό	Γ	Β
Α	Ο	Ο	Τ	Λ	Δ	Δ	Η	Ύ	Μ	Τ	Ί	Ρ	Ο
Μ	Υ	Υ	Μ	Ί	Ι	Μ	Ε	Β	Έ	Ι	Ξ	Α	Έ
Ό	Σ	Σ	Ι	Μ	Β	Α	Ω	Υ	Ρ	Μ	Α	Σ	Π
Σ	Ω	Ξ	Σ	Ν	Ι	Σ	Ω	Χ	Σ	Ο	Ω	Ί	Ε
Λ	Ν	Χ	Η	Η	Λ	Μ	Λ	Δ	Ρ	Η	Χ	Α	Α
Γ	Α	Ν	Σ	Π	Α	Γ	Ω	Ν	Ι	Ά	Μ	Ή	Ο
Σ	Σ	Π	Λ	Η	Μ	Μ	Ύ	Ρ	Α	Β	Ρ	Χ	Ι
Χ	Ι	Ο	Υ	Ρ	Ι	Κ	Α	Ν	Α	Σ	Η	Α	Ί
Χ	Ι	Ό	Ν	Ι	Ω	Κ	Ε	Α	Ν	Ό	Σ	Σ	Υ
Κ	Ύ	Μ	Α	Τ	Α	Ο	Α	Χ	Ι	Ε	Ω	Β	Ο

ΚΑΝΆΛΙ
ΥΓΡΌ
ΠΌΣΙΜΟ
ΕΞΆΤΜΙΣΗ
ΠΛΗΜΜΎΡΑ
ΠΑΓΩΝΙΆ
ΧΙΟΥΡΙΚΑΝΑΣ
ΠΆΓΟΣ
ΆΡΔΕΥΣΗ
ΛΊΜΝΗ

ΥΓΡΑΣΊΑ
ΜΟΥΣΏΝΑΣ
ΩΚΕΑΝΌΣ
ΒΡΟΧΉ
ΠΟΤΑΜΌΣ
ΝΤΟΥΣ
ΧΙΌΝΙ
ΑΤΜΟΎ
ΚΎΜΑΤΑ

93 - Activities

```
Ρ Ά Ψ Ι Μ Ο Κ Γ Μ Ι Α Η Ι Π
Π Λ Ν Υ Π Β Υ Δ Δ Έ Ν Ο Σ Α
Ι Λ Ρ Ξ Ω Υ Ν Φ Σ Α Ά Λ Υ Ι
Ν Μ Έ Ε Τ Ξ Ή Ω Ν Ν Γ Ε Μ Χ
Ί Ψ Ί Ξ Υ Λ Γ Τ Έ Χ Ν Η Φ Ν
Μ Ε Ν Γ Ι Χ Ι Ο Σ Ν Ω Ψ Έ Ί
Κ Ν Έ Α Έ Μ Α Γ Λ Ρ Σ Ά Ρ Δ
Ε Π Ε Ζ Ο Π Ο Ρ Ί Α Η Ρ Ο Ι
Ρ Μ Α Γ Ε Ί Α Α Ί Ρ Η Ε Ν Α
Α Ν Α Ψ Υ Χ Ή Φ Δ Σ Λ Μ Τ Α
Μ Υ Ε Μ Ο Ρ Ο Ί Ξ Ξ Τ Α Α Δ
Ι Μ Ν Δ Η Ί Έ Α Μ Α Γ Η Ρ Έ
Κ Άμ Π Ι Ν Γ Κ Ο Ψ Β Μ Σ Μ
Ή Β Ι Ο Τ Ε Χ Ν Ί Α Δ Δ Ε Η
```

ΤΈΧΝΗ
ΚΆΜΠΙΝΓΚ
ΚΕΡΑΜΙΚΉ
ΒΙΟΤΕΧΝΊΑ
ΨΆΡΕΜΑ
ΠΑΙΧΝΊΔΙΑ
ΠΕΖΟΠΟΡΊΑ
ΚΥΝΉΓΙ

ΣΥΜΦΈΡΟΝΤΑ
ΠΛΈΞΙΜΟ
ΑΝΑΨΥΧΉ
ΜΑΓΕΊΑ
ΦΩΤΟΓΡΑΦΊΑ
ΕΥΧΑΡΊΣΤΗΣΗ
ΑΝΆΓΝΩΣΗ
ΡΆΨΙΜΟ

94 - Literature

```
Ρ Έ Ξ Μ Υ Θ Ι Σ Τ Ό Ρ Η Μ Α
Φ Υ Σ Ε Ο Έ Β Ξ Ρ Π Ρ Έ Β Σ
Α Έ Θ Β Ε Μ Δ Ρ Υ Ί Σ Λ Υ
Ν Ι Σ Μ Π Α Φ Η Γ Η Τ Ή Σ Μ
Τ Ω Τ Σ Ο Α Ν Έ Κ Δ Ο Τ Ο Π
Α Γ Υ Υ Ι Ύ Ν Ί Β Χ Ρ Μ Π Έ
Σ Ν Λ Γ Η Μ Λ Ά Ψ Μ Γ Δ Ο Ρ
Ί Ω Μ Γ Τ Π Ε Σ Λ Υ Ψ Μ Ί Α
Α Μ Ξ Ρ Ι Ω Ξ Τ Α Υ Ρ Ξ Η Σ
Ψ Η Ο Α Κ Υ Υ Δ Α Γ Σ Τ Μ Μ
Μ Έ Ξ Φ Ή Χ Σ Υ Δ Φ Ξ Η Α Α
Έ Ψ Ε Έ Ι Ε Ρ Έ Η Α Ο Έ Ι Δ
Ω Ψ Τ Α Ν Α Λ Ο Γ Ί Α Ρ Ω Σ
Ξ Υ Έ Σ Δ Ι Ά Λ Ο Γ Ο Σ Ά Δ
```

ΑΝΑΛΟΓΊΑ
ΑΝΆΛΥΣΗ
ΑΝΈΚΔΟΤΟ
ΣΥΓΓΡΑΦΈΑΣ
ΣΥΜΠΈΡΑΣΜΑ
ΔΙΆΛΟΓΟΣ
ΦΑΝΤΑΣΊΑ
ΜΕΤΑΦΟΡΆ

ΑΦΗΓΗΤΉΣ
ΜΥΘΙΣΤΌΡΗΜΑ
ΓΝΏΜΗ
ΠΟΊΗΜΑ
ΠΟΙΗΤΙΚΉ
ΡΥΘΜΟΎ
ΣΤΥΛ
ΘΈΜΑ

95 - Geography

Ω	Α	Π	Δ	Η	Π	Ε	Ν	Λ	Ι	Κ	Η	Δ	Ά
Ν	Ν	Ψ	Ν	Ί	Μ	Ψ	Ν	Ω	Π	Ό	Α	Ι	Τ
Η	Ύ	Θ	Δ	Γ	Ε	Ι	Π	Ο	Ό	Σ	Ψ	Ω	Λ
Έ	Ψ	Ά	Δ	Ύ	Σ	Η	Σ	Γ	Λ	Μ	Σ	Β	Α
Υ	Ω	Λ	Ν	Ό	Τ	Ι	Α	Φ	Η	Ο	Ρ	Δ	Ν
Ψ	Σ	Α	Σ	Ρ	Ί	Π	Ο	Τ	Α	Μ	Ό	Σ	Τ
Ό	Η	Σ	Έ	Χ	Ώ	Ρ	Α	Β	Ω	Ί	Ο	Β	Α
Μ	Μ	Σ	Π	Δ	Ε	Έ	Χ	Ο	Κ	Η	Ρ	Ι	Ί
Ε	Σ	Α	Ε	Τ	Α	Χ	Ν	Υ	Ε	Λ	Λ	Ι	Ρ
Τ	Χ	Ά	Ρ	Τ	Η	Φ	Υ	Ν	Α	Ρ	Ω	Ε	Ο
Ρ	Έ	Ο	Ι	Υ	Ψ	Γ	Ο	Ό	Ν	Ν	Η	Σ	Ί
Ο	Δ	Β	Ο	Ρ	Ρ	Ά	Έ	Σ	Ό	Ρ	Ν	Μ	Ψ
Ι	Ο	Δ	Χ	Υ	Ν	Υ	Υ	Ν	Σ	Π	Η	Η	Ί
Ν	Ε	Ι	Ή	Ή	Π	Ε	Ι	Ρ	Ο	Σ	Ν	Ο	Ι

ΥΨΌΜΕΤΡΟ
ΆΤΛΑΝΤΑ
ΠΌΛΗ
ΉΠΕΙΡΟΣ
ΧΏΡΑ
ΑΝΎΨΩΣΗ
ΗΜΙΣΦΑΊΡΙΟ
ΝΗΣΊ
ΧΆΡΤΗ
ΒΟΥΝΌ

ΒΟΡΡΆ
ΩΚΕΑΝΌΣ
ΠΕΡΙΟΧΉ
ΠΟΤΑΜΌΣ
ΘΆΛΑΣΣΑ
ΝΌΤΙΑ
ΈΔΑΦΟΣ
ΔΎΣΗ
ΚΌΣΜΟ

96 - Vacation #1

Α	Υ	Τ	Ο	Κ	Ί	Ν	Η	Τ	Ο	Ι	Υ	Σ	Τ
Χ	Α	Λ	Ά	Ρ	Ω	Σ	Η	Ι	Ί	Γ	Τ	Α	Ε
Τ	Ξ	Α	Ε	Ρ	Ο	Π	Λ	Ά	Ν	Ο	Ρ	Κ	Λ
Α	Ο	Ξ	Κ	Ο	Μ	Π	Ρ	Έ	Λ	Α	Α	Ί	Ω
Η	Η	Υ	Δ	Γ	Ω	Ι	Α	Α	Τ	Δ	Μ	Α	Ν
Π	Λ	Ί	Ρ	Ν	Ό	Μ	Ι	Σ	Μ	Α	Μ	Ι	Ε
Μ	Α	Β	Ο	Ι	Ε	Ξ	Ί	Η	Μ	Π	Ν	Ο	Ί
Μ	Ο	Ε	Μ	Ρ	Σ	Δ	Σ	Ψ	Ψ	Λ	Α	Π	Ο
Ρ	Έ	Υ	Ή	Σ	Ω	Τ	Β	Α	Λ	Ί	Τ	Σ	Α
Λ	Ω	Μ	Σ	Π	Ν	Τ	Α	Σ	Σ	Μ	Χ	Ψ	Γ
Ψ	Τ	Τ	Ψ	Ε	Υ	Ψ	Ί	Σ	Υ	Ν	Ε	Ε	Ξ
Ξ	Λ	Η	Ε	Μ	Ί	Ν	Λ	Δ	Υ	Η	Λ	Σ	Α
Ί	Ε	Ο	Ι	Δ	Ρ	Ο	Μ	Ο	Λ	Ό	Γ	Ι	Ο
Α	Ν	Α	Χ	Ώ	Ρ	Η	Σ	Η	Υ	Α	Η	Ι	Χ

ΑΕΡΟΠΛΆΝΟ   ΛΊΜΝΗ
ΣΑΚΊΔΙΟ   ΜΟΥΣΕΊΟ
ΑΥΤΟΚΊΝΗΤΟ   ΧΑΛΆΡΩΣΗ
ΝΌΜΙΣΜΑ   ΒΑΛΊΤΣΑ
ΤΕΛΩΝΕΊΟ   ΤΟΥΡΊΣΤΑΣ
ΑΝΑΧΏΡΗΣΗ   ΤΡΑΜ
ΕΚΔΡΟΜΉ   ΟΜΠΡΈΛΑ
ΔΡΟΜΟΛΌΓΙΟ

97 - Pets

```
Έ Μ Έ Ε Ν Έ Ω Χ Ί Γ Α Μ Ψ Π
Σ Ν Ψ Α Η Ι Π Ο Ε Β Ά Ρ Α Ο
Λ Η Η Τ Ψ Ξ Ό Ί Κ Λ Μ Τ Π Ν
Τ Α Γ Ε Λ Ά Δ Α Ο Ο Ώ Ε Α Τ
Ρ Γ Α Τ Ά Κ Ι Ο Υ Γ Κ Ν Π Ί
Γ Ί Δ Α Α Ρ Α Ί Τ Ρ Ο Ε Α Κ
Δ Ω Δ Χ Ι Ν Υ Ψ Ά Ί Λ Ρ Γ Ι
Σ Κ Ύ Λ Ο Σ Δ Α Β Ί Ά Ό Ά Ξ
Ξ Β Ι Ν Γ Ί Ί Τ Ι Ω Ρ Ρ Λ Β
Κ Τ Η Ν Ί Α Τ Ρ Ο Σ Ο Ι Ο Χ
Ξ Ι Μ Λ Έ Χ Ε Ο Ι Χ Ν Τ Σ Ι
Ψ Ά Ρ Ι Ο Ξ Υ Φ Υ Σ Α Ύ Ρ Α
Χ Ά Μ Σ Τ Ε Ρ Ή Ί Ρ Α Ε Η Α
Δ Δ Υ Κ Ο Υ Ν Έ Λ Ι Ά Υ Ξ Α
```

ΓΆΤΑ
ΚΟΛΆΡΟ
ΑΓΕΛΆΔΑ
ΣΚΎΛΟΣ
ΨΆΡΙ
ΤΡΟΦΉ
ΓΊΔΑ
ΧΆΜΣΤΕΡ
ΓΑΤΆΚΙ
ΛΟΥΡΊ

ΣΑΎΡΑ
ΠΟΝΤΊΚΙ
ΠΑΠΑΓΆΛΟΣ
ΠΌΔΙΑ
ΚΟΥΤΆΒΙ
ΚΟΥΝΈΛΙ
ΟΥΡΆ
ΧΕΛΏΝΑ
ΚΤΗΝΊΑΤΡΟΣ
ΝΕΡΌ

98 - Nature

```
Δ Ι Ά Β Ρ Ω Σ Η Λ Ν Τ Μ Έ Π
Δ Γ Ρ Ξ Β Ο Υ Ν Ά Γ Ρ Έ Ο Ο
Λ Υ Ο Μ Ο Ρ Φ Ι Ά Γ Ο Λ Η Τ
Ε Ω Ν Μ Ξ Ι Ο Π Ε Α Π Ι Υ Α
Μ Σ Γ Α Ί Ψ Υ Γ Ι Λ Ι Σ Δ Μ
Έ Π Γ Ί Μ Χ Σ Τ Ρ Ή Κ Σ Α Ό
Υ Ι Ί Λ Ξ Ι Λ Α Η Ν Ή Ε Σ Σ
Σ Η Τ Χ Ν Ρ Κ Η Ν Ι Ζ Σ Ο Ε
Σ Ύ Ν Ν Ε Φ Α Ή Ι Ο Ω Ώ Σ Ρ
Φ Ύ Λ Λ Ω Μ Α Γ Κ Ε Τ Χ Α Ή
Ί Λ Μ Ι Ε Ρ Ί Ρ Ή Γ Ι Ε Ξ Μ
Ο Ρ Ξ Ε Δ Α Ρ Κ Τ Ι Κ Ή Α Ο
Ο Ά Γ Ρ Ι Ο Τ Ι Π Ρ Ή Ξ Έ Υ
Α Δ Τ Ό Π Α Γ Ε Τ Ώ Ν Α Σ Γ
```

ΖΏΑ
ΑΡΚΤΙΚΉ
ΟΜΟΡΦΙΆ
ΜΈΛΙΣΣΕΣ
ΣΎΝΝΕΦΑ
ΕΡΉΜΟΥ
ΔΥΝΑΜΙΚΉ
ΔΙΆΒΡΩΣΗ
ΟΜΊΧΛΗ
ΦΎΛΛΩΜΑ

ΔΆΣΟΣ
ΠΑΓΕΤΏΝΑΣ
ΒΟΥΝΆ
ΕΙΡΗΝΙΚΉ
ΠΟΤΑΜΌΣ
ΙΕΡΌ
ΓΑΛΉΝΙΟ
ΤΡΟΠΙΚΉ
ΖΩΤΙΚΉ
ΆΓΡΙΟ

99 - Championship

```
Α Τ Ο Υ Ρ Ν Ο Υ Ά Π Ε Ο Σ Δ
Π Α Θ Λ Η Τ Ι Κ Ή Ρ Φ Μ Τ Ι
Ό Ρ Ψ Ί Α Ν Ψ Δ Β Ω Ί Ά Ρ Κ
Δ Τ Ο Α Ν Ε Ί Α Ψ Τ Δ Δ Α Α
Ο Υ Ρ Π Τ Κ Ε Κ Ά Ρ Α Τ Σ
Σ Τ Ί Υ Ο Ί Ε Μ Η Θ Ω Ο Η Τ
Η Ί Β Ω Χ Ν Α Μ Ο Λ Σ Β Γ Ή
Ξ Ω Έ Υ Ή Η Η Ε Τ Η Η Π Ι Σ
Α Ι Έ Σ Ί Τ Ν Τ Σ Μ Ί Α Κ Π
Τ Ψ Ω Χ Α Ρ Έ Ά Ή Α Ε Υ Ή Λ
Έ Ν Ω Σ Η Ο Ε Λ Η Σ Ρ Ι Σ Ψ
Χ Π Ρ Ω Τ Α Θ Λ Η Τ Ή Σ Ν Ω
Ι Α Χ Μ Β Π Φ Ι Ν Α Λ Ί Σ Τ
Ω Η Ι Ρ Ω Μ Μ Ο Χ Ε Ι Π Η Σ
```

ΠΡΩΤΑΘΛΗΤΉΣ
ΠΡΩΤΆΘΛΗΜΑ
ΠΡΟΠΟΝΗΤΉΣ
ΑΝΤΟΧΉ
ΦΙΝΑΛΊΣΤ
ΔΙΚΑΣΤΉΣ
ΈΝΩΣΗ
ΜΕΤΆΛΛΙΟ

ΚΊΝΗΤΡΟ
ΑΠΌΔΟΣΗ
ΕΦΊΔΡΩΣΗ
ΑΘΛΗΤΙΚΉ
ΣΤΡΑΤΗΓΙΚΉ
ΟΜΆΔΑ
ΤΟΥΡΝΟΥΆ
ΝΊΚΗ

100 - Vacation #2

```
Ξ Ε Ν Ο Δ Ο Χ Ε Ί Ο Ρ Σ Μ Χ
Ε Ψ Ε Σ Τ Ι Α Τ Ό Ρ Ι Ο Έ Ά
Δ Σ Ξ Μ Ν Β Ρ Ί Ξ Ο Η Ψ Τ Ρ
Π Ε Δ Ι Α Β Α Τ Ή Ρ Ι Ο Ρ Τ
Ξ Ρ Α Ε Ρ Ο Δ Ρ Ό Μ Ι Ο Έ Η
Τ Έ Ο Δ Υ Τ Α Ξ Ί Ξ Σ Ν Α
Υ Ο Ν Ο Α Ν Α Ψ Υ Χ Ή Κ Ο Η
Ρ Ε Η Ο Ρ Ά Θ Ω Έ Τ Έ Η Α Γ
Η Ψ Σ Α Π Ι Ο Ά Ξ Μ Ο Ν Α Έ
Ι Β Ί Ζ Α Ι Σ Ι Λ Λ Ρ Ή Μ Υ
Π Α Ρ Α Λ Ί Α Μ Τ Α Ξ Ί Δ Ι
Κ Ά Μ Π Ι Ν Γ Κ Ό Μ Σ Λ Ρ Δ
Η Μ Ε Τ Α Φ Ο Ρ Ά Σ Η Σ Ί Σ
Ο Ξ Ο Ω Γ Η Ί Ξ Η Χ Λ Α Α Μ
```

ΑΕΡΟΔΡΌΜΙΟ
ΠΑΡΑΛΊΑ
ΚΆΜΠΙΝΓΚ
ΠΡΟΟΡΙΣΜΌΣ
ΞΈΝΟ
ΞΕΝΟΔΟΧΕΊΟ
ΝΗΣΊ
ΤΑΞΊΔΙ
ΑΝΑΨΥΧΉ
ΧΆΡΤΗ

ΒΟΥΝΆ
ΔΙΑΒΑΤΉΡΙΟ
ΕΣΤΙΑΤΌΡΙΟ
ΘΆΛΑΣΣΑ
ΤΑΞΊ
ΣΚΗΝΉ
ΤΡΈΝΟ
ΜΕΤΑΦΟΡΆ
ΒΊΖΑ

1 - Food #1
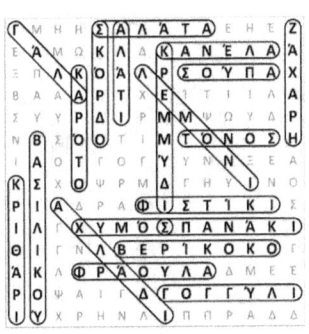

2 - Castles
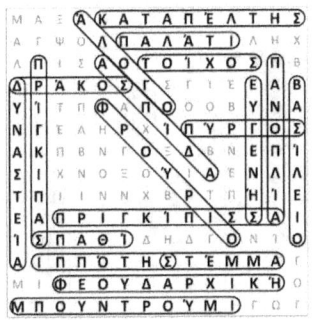

3 - Measurements
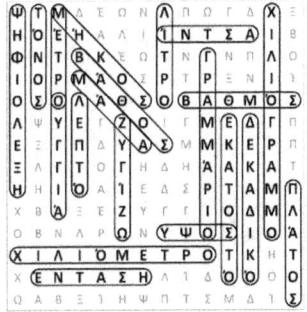

4 - Farm #2
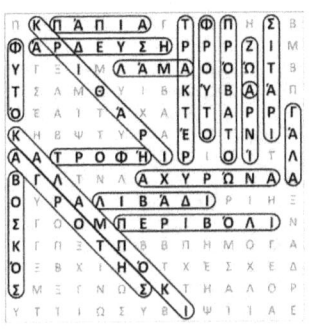

5 - Books
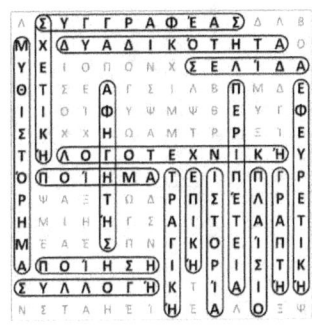

6 - Meditation
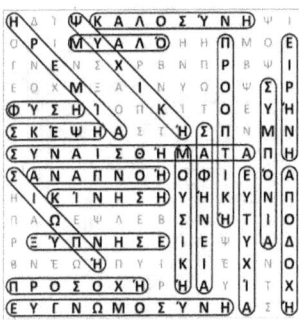

7 - Days and Months
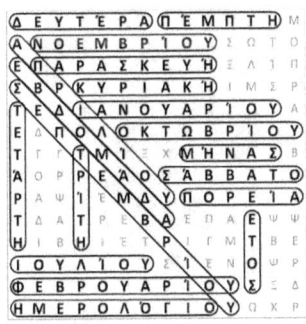

8 - Chess
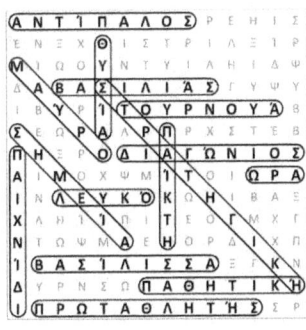

9 - Food #2
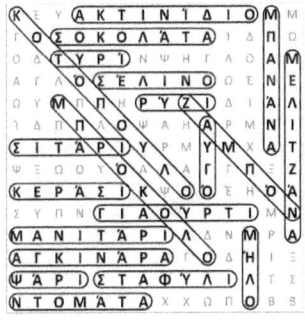

10 - Family
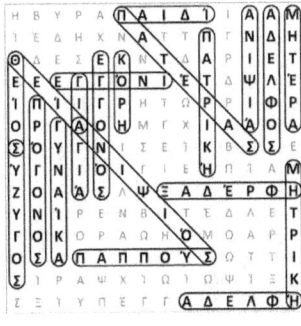

11 - Farm #1
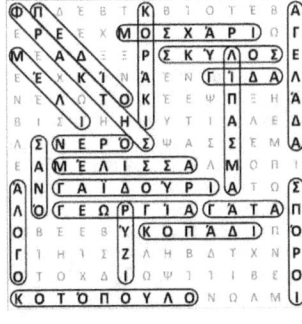

12 - Camping
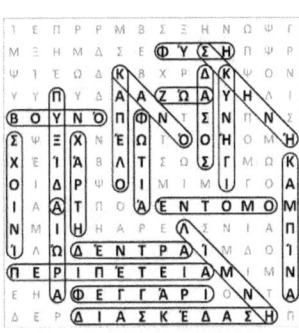

13 - Cats
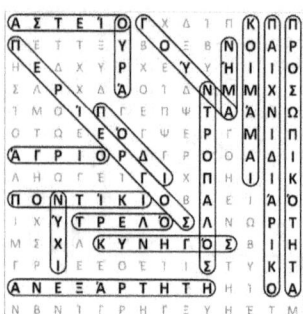

14 - Numbers

15 - Spices
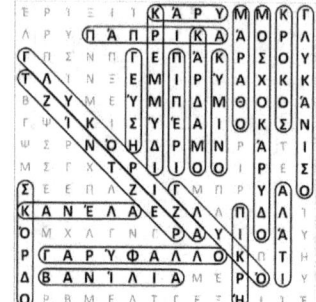

16 - Mammals
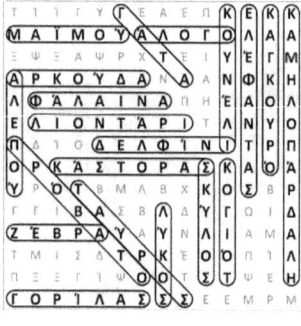

17 - Fishing
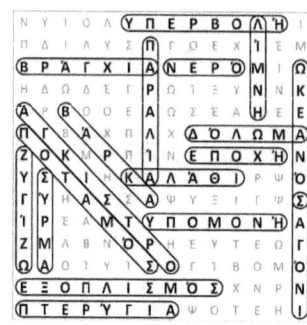

18 - Restaurant #1
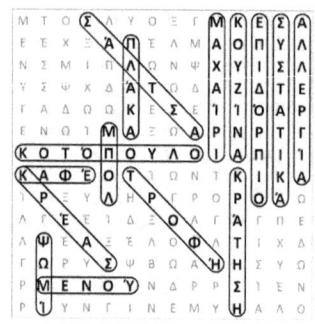

19 - Bees
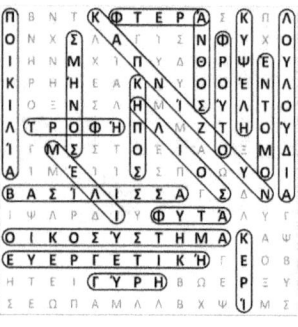

20 - Sports
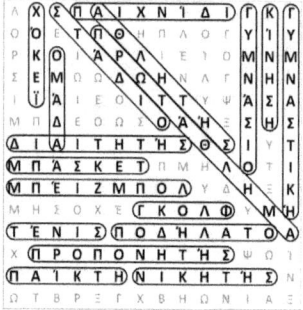

21 - Weather
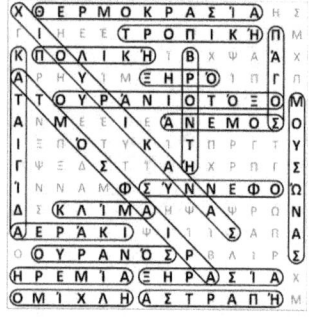

22 - Adventure
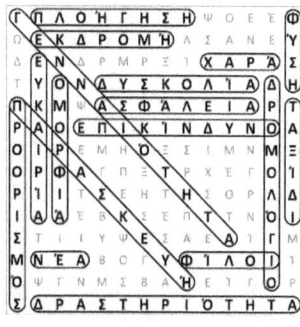

23 - Circus
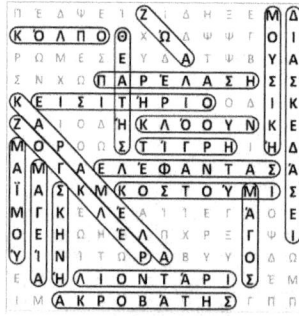

24 - Restaurant #2
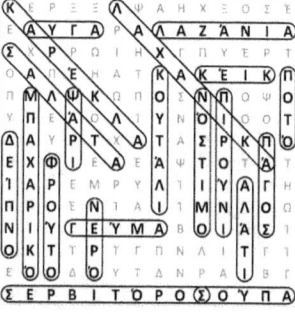

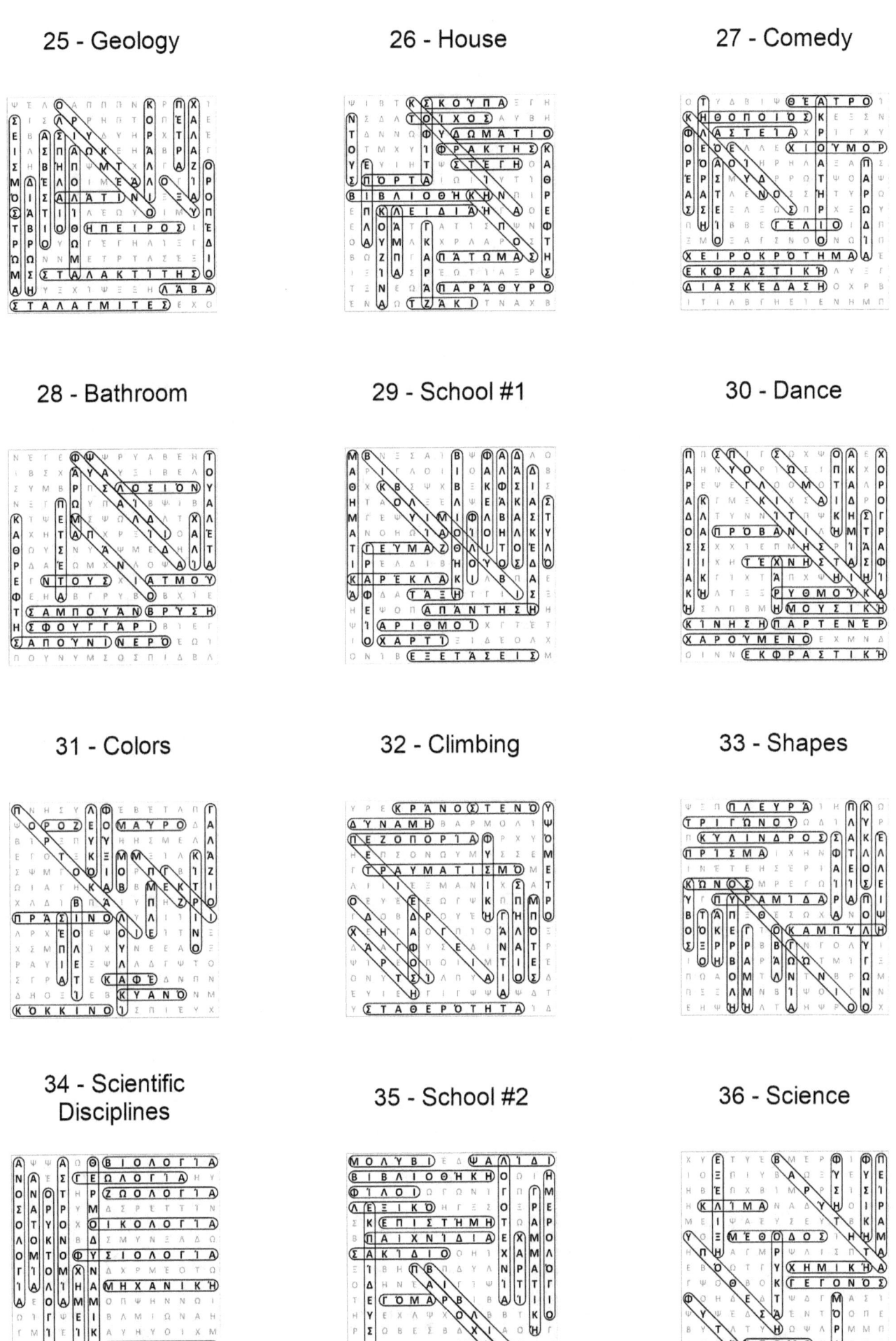

37 - To Fill
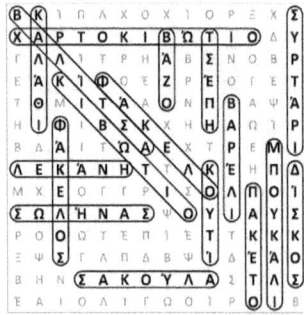

38 - Summer

39 - Clothes
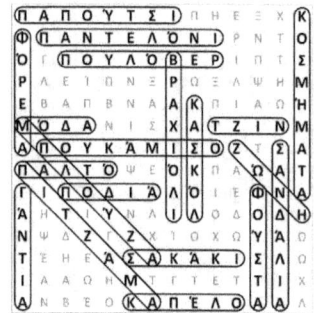

40 - Insects
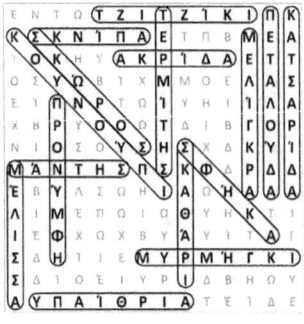

41 - Astronomy
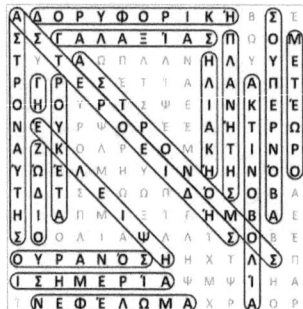

42 - Pirates
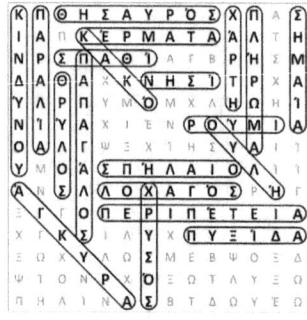

43 - Time
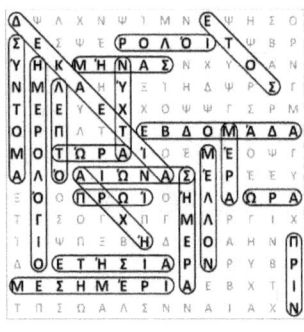

44 - Buildings
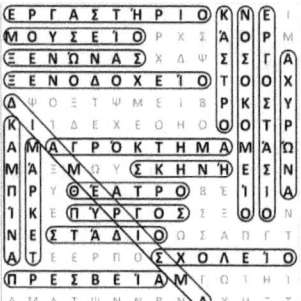

45 - Herbalism
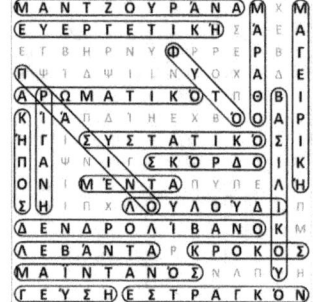

46 - Toys
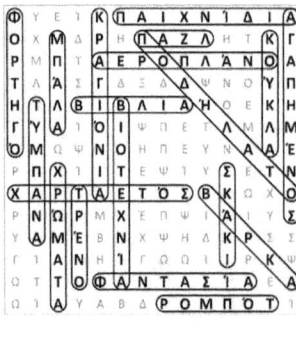

47 - Vehicles
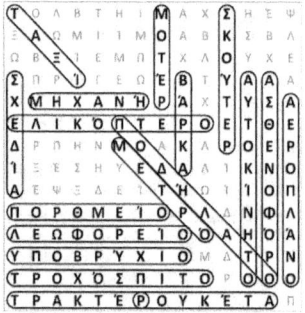

48 - Flowers
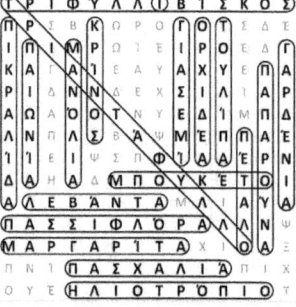

49 - Town
50 - Antarctica
51 - Ballet

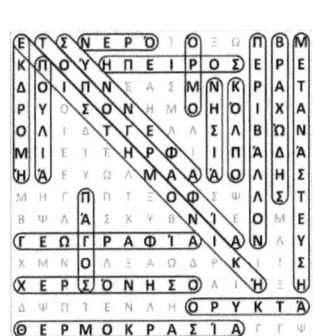
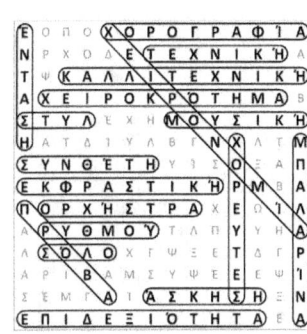

52 - Human Body
53 - Musical Instruments
54 - Fruit

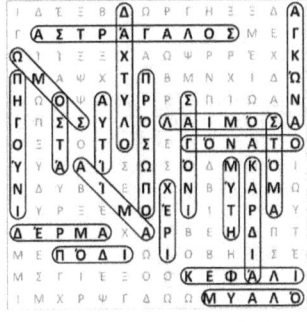
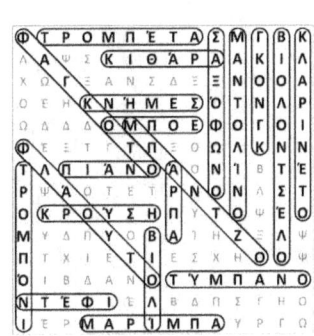
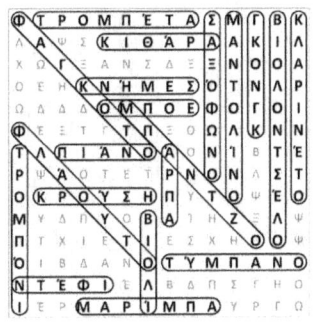

55 - Virtues #1
56 - Kitchen
57 - Art Supplies

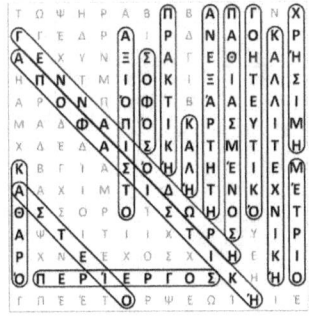
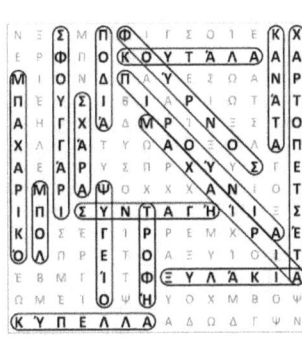
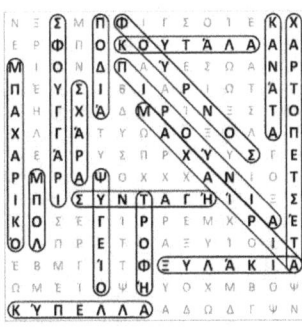

58 - Science Fiction
59 - Airplanes
60 - Ocean

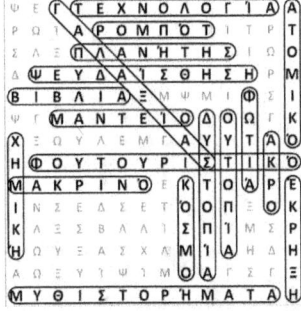
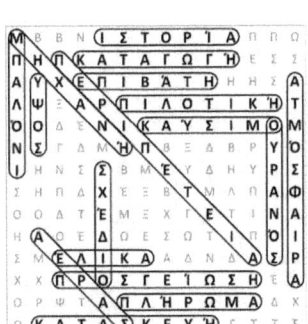
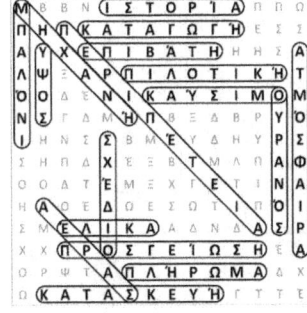

61 - Birds

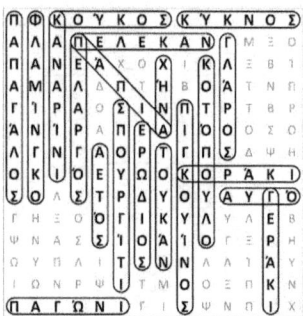

62 - Art

63 - Nutrition

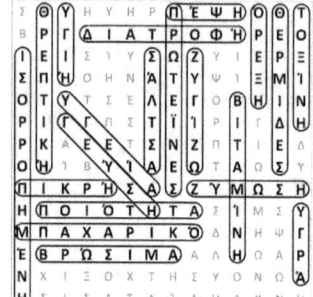

64 - Hiking

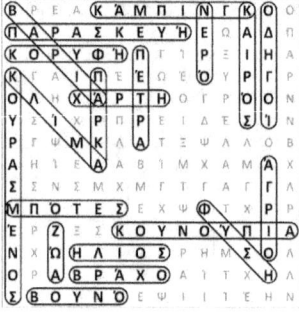

65 - Professions #1

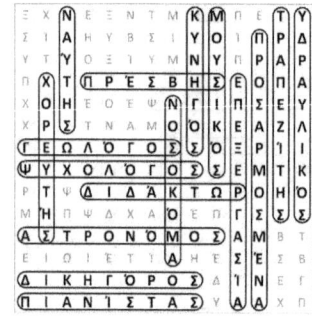

66 - Dinosaurs

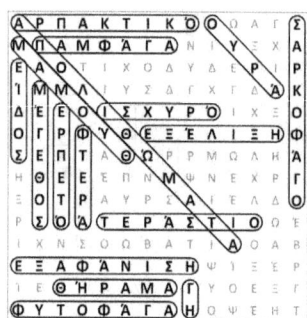

67 - Barbecues

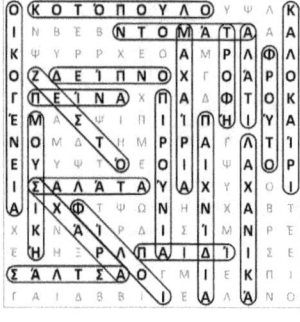

68 - Surfing

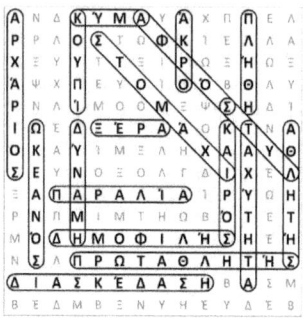

69 - Chocolate

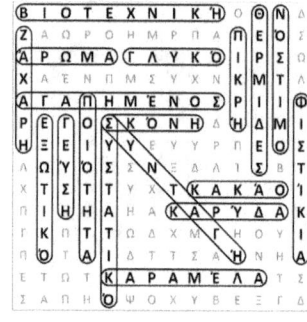

70 - Vegetables

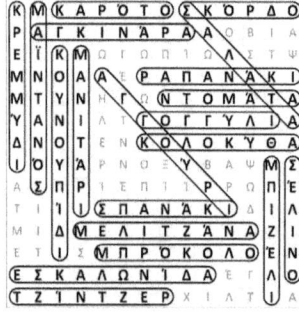

71 - Boats

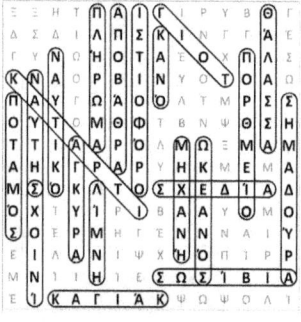

72 - Activities and Leisure

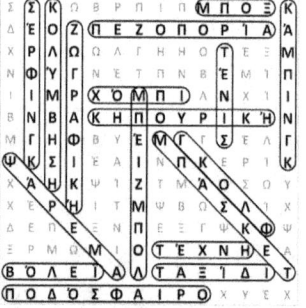

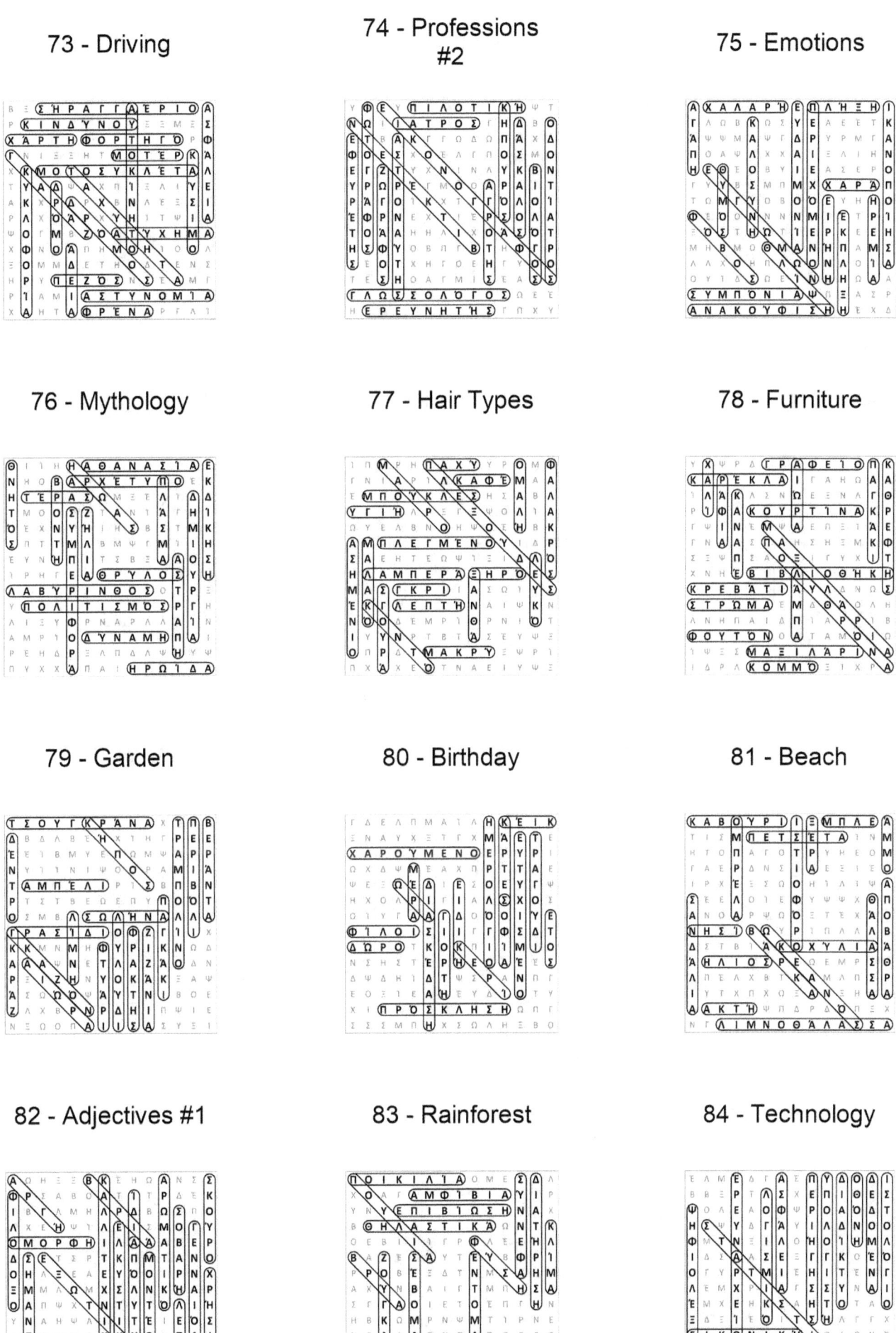

85 - Landscapes
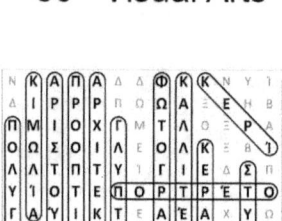

86 - Visual Arts

87 - Plants
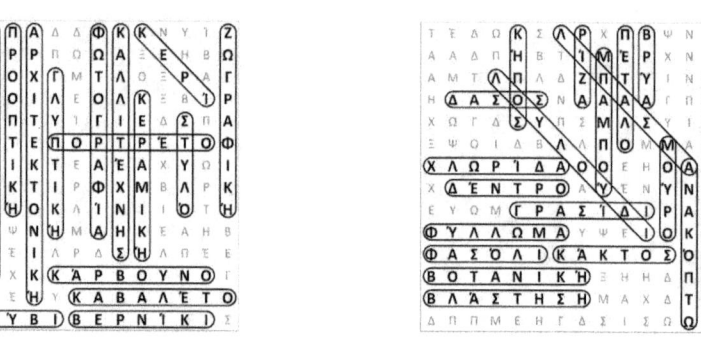

88 - Countries #2
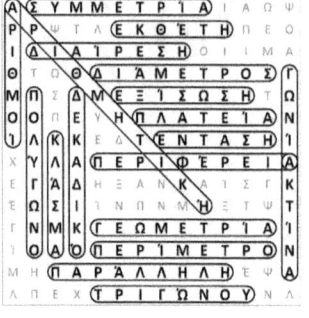

89 - Ecology
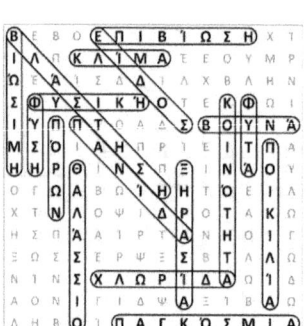

90 - Adjectives #2
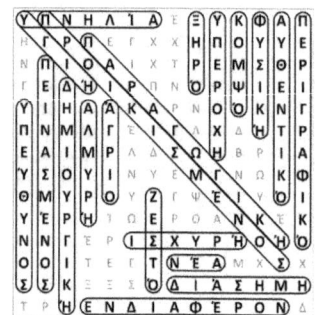

91 - Math

92 - Water
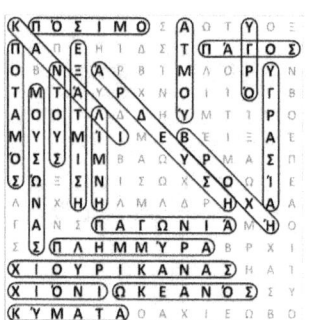

93 - Activities
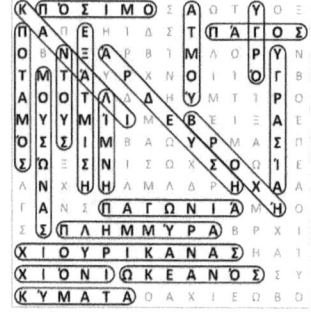

94 - Literature
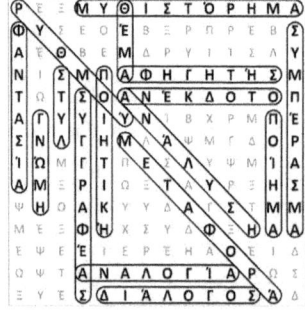

95 - Geography
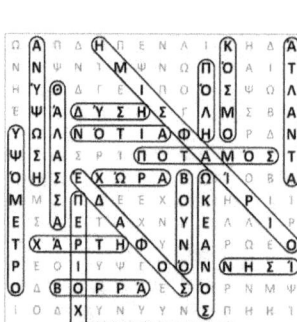

96 - Vacation #1
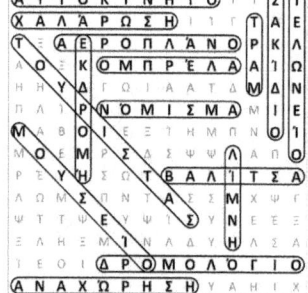

97 - Pets

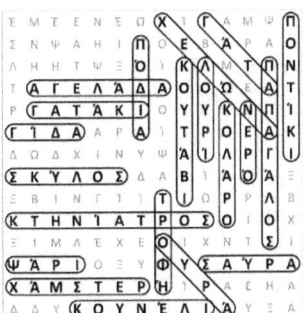

98 - Nature

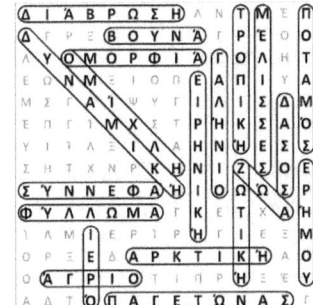

99 - Championship

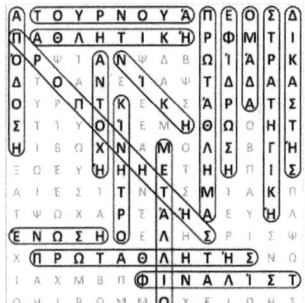

100 - Vacation #2

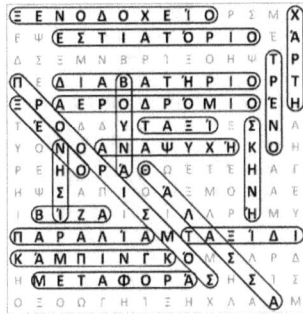

Dictionary

Activities
Δραστηριότητες

Activity	Δραστηριότητα
Art	Τέχνη
Camping	Κάμπινγκ
Ceramics	Κεραμική
Crafts	Βιοτεχνία
Fishing	Ψάρεμα
Games	Παιχνίδια
Gardening	Κηπουρική
Hiking	Πεζοπορία
Hunting	Κυνήγι
Interests	Συμφέροντα
Knitting	Πλέξιμο
Leisure	Αναψυχή
Magic	Μαγεία
Photography	Φωτογραφία
Pleasure	Ευχαρίστηση
Reading	Ανάγνωση
Relaxation	Χαλάρωση
Sewing	Ράψιμο
Skill	Επιδεξιότητα

Activities and Leisure
Δραστηριότητες και Αναψυχή

Art	Τέχνη
Baseball	Μπέιζμπολ
Basketball	Μπάσκετ
Boxing	Μποξ
Camping	Κάμπινγκ
Diving	Καταδύσεισ
Fishing	Ψάρεμα
Gardening	Κηπουρική
Golf	Γκολφ
Hiking	Πεζοπορία
Hobbies	Χόμπι
Painting	Ζωγραφική
Relaxing	Χαλαρωτικό
Soccer	Ποδόσφαιρο
Surfing	Σέρφινγκ
Swimming	Κολύμβηση
Tennis	Τένισ
Travel	Ταξίδι
Volleyball	Βόλεϊ

Adjectives #1
Επίθετα #1

Absolute	Απόλυτη
Ambitious	Φιλόδοξο
Aromatic	Αρωματικό
Artistic	Καλλιτεχνική
Attractive	Ελκυστικό
Beautiful	Όμορφη
Dark	Σκούρο
Exotic	Εξωτικό
Generous	Γενναιόδωρη
Happy	Ευτυχισμένο
Heavy	Βαριά
Helpful	Χρήσιμη
Huge	Τεράστιο
Identical	Ίδια
Important	Σημαντικό
Modern	Μοντέρνο
Serious	Σοβαρή
Slow	Αργή
Thin	Λεπτή
Valuable	Πολύτιμα

Adjectives #2
Επίθετα #2

Authentic	Αυθεντικό
Creative	Δημιουργική
Descriptive	Περιγραφικό
Dry	Ξηρό
Elegant	Κομψό
Famous	Διάσημη
Gifted	Προικισμένοσ
Healthy	Υγιή
Hot	Ζεστό
Hungry	Πεινασμένοσ
Interesting	Ενδιαφέρον
Natural	Φυσική
New	Νέα
Productive	Παραγωγική
Proud	Υπεροχη
Responsible	Υπεύθυνοσ
Salty	Αλμυρή
Sleepy	Υπνηλία
Strong	Ισχυρή
Wild	Άγριο

Adventure
Περιπέτεια

Activity	Δραστηριότητα
Beauty	Ομορφιά
Bravery	Γενναιότητα
Chance	Ευκαιρία
Dangerous	Επικίνδυνο
Destination	Προορισμόσ
Difficulty	Δυσκολία
Enthusiasm	Ενθουσιασμόσ
Excursion	Εκδρομή
Friends	Φίλοι
Itinerary	Δρομολόγιο
Joy	Χαρά
Nature	Φύση
Navigation	Πλοήγηση
New	Νέα
Preparation	Παρασκευή
Safety	Ασφάλεια
Travels	Ταξίδι
Unusual	Ασυνήθιστο

Airplanes
Αεροπλάνα

Adventure	Περιπέτεια
Air	Αέρασ
Altitude	Υψόμετρο
Atmosphere	Ατμόσφαιρα
Balloon	Μπαλόνι
Construction	Κατασκευή
Crew	Πλήρωμα
Descent	Καταγωγή
Design	Σχέδιο
Engine	Μηχανή
Fuel	Καύσιμο
Height	Υψοσ
History	Ιστορία
Hydrogen	Υδρογόνο
Landing	Προσγείωση
Passenger	Επιβάτη
Pilot	Πιλοτική
Propellers	Έλικα
Sky	Ουρανόσ
Turbulence	Αναταραχή

Antarctica
Ανταρκτική

Bay	Κόλπο
Birds	Πουλιά
Clouds	Σύννεφα
Conservation	Διατήρηση
Continent	Ήπειροσ
Cove	Όρμο
Environment	Περιβάλλον
Expedition	Εκδρομή
Geography	Γεωγραφία
Ice	Πάγοσ
Islands	Νησιά
Migration	Μετανάστευση
Minerals	Ορυκτά
Peninsula	Χερσόνησο
Researcher	Ερευνητήσ
Rocky	Βραχώδησ
Scientific	Επιστημονική
Temperature	Θερμοκρασία
Topography	Τοπογραφία
Water	Νερό

Art
Τέχνη

Ceramic	Κεραμική
Complex	Σύνθετη
Composition	Σύνθεση
Create	Δημιουργώ
Expression	Έκφραση
Inspired	Εμπνευσμένη
Mood	Διάθεση
Original	Αρχική
Paintings	Ζωγραφική
Personal	Προσωπικό
Poetry	Ποίηση
Sculpture	Γλυπτική
Simple	Απλόσ
Subject	Θέμα
Surrealism	Σουρεαλισμόσ
Symbol	Σύμβολο
Visual	Οπτική

Art Supplies
Είδη Τέχνης

Acrylic	Ακρυλικό
Brushes	Πινέλο
Chair	Καρέκλα
Charcoal	Κάρβουνο
Colors	Χρώματα
Crayons	Κραγιόνια
Easel	Καβαλέτο
Eraser	Γόμα
Glue	Κόλλα
Ideas	Ιδέα
Ink	Μελάνι
Oil	Λάδι
Paper	Χαρτί
Pastels	Παστέλ
Pencils	Μολύβια
Table	Τραπέζι
Water	Νερό
Watercolors	Ακουαρέλεσ

Astronomy
Αστρονομία

Asteroid	Αστεροειδήσ
Astronaut	Αστροναύτησ
Astronomer	Αστρονόμοσ
Constellation	Αστερισμό
Earth	Γη
Eclipse	Έκλειψη
Equinox	Ισημερία
Galaxy	Γαλαξίασ
Meteor	Μετέωρο
Moon	Φεγγάρι
Nebula	Νεφέλωμα
Observatory	Παρατηρητήριο
Planet	Πλανήτησ
Radiation	Ακτινοβολία
Rocket	Ρουκέτα
Satellite	Δορυφορική
Sky	Ουρανόσ
Solar	Ηλιακή
Supernova	Σουπερνόβα
Zodiac	Ζώδιο

Ballet
Μπαλέτο

Applause	Χειροκρότημα
Artistic	Καλλιτεχνική
Audience	Ακροατήριο
Ballerina	Μπαλαρίνα
Choreography	Χορογραφία
Composer	Συνθέτη
Dancers	Χορευτεσ
Expressive	Εκφραστική
Gesture	Χειρονομία
Intensity	Ένταση
Music	Μουσική
Orchestra	Ορχήστρα
Practice	Άσκηση
Rehearsal	Πρόβα
Rhythm	Ρυθμού
Skill	Επιδεξιότητα
Solo	Σόλο
Style	Στυλ
Technique	Τεχνική

Barbecues
Μπάρμπεκιου

Chicken	Κοτόπουλο
Children	Παιδί
Dinner	Δείπνο
Family	Οικογένεια
Food	Τροφή
Forks	Πιρούνια
Friends	Φίλοι
Fruit	Φρούτο
Games	Παιχνίδια
Grill	Σχάρα
Hot	Ζεστό
Hunger	Πείνα
Knives	Μαχαίρια
Music	Μουσική
Salads	Σαλάτα
Salt	Αλάτι
Sauce	Σάλτσα
Summer	Καλοκαίρι
Tomatoes	Ντομάτα
Vegetables	Λαχανικά

Bathroom
Μπάνιο

Bath	Μπάνιο
Bubbles	Φυσαλίδα
Faucet	Βρύση
Lotion	Λοσιόν
Mirror	Καθρεφτησ
Perfume	Άρωμα
Rug	Χαλί
Scissors	Ψαλίδι
Shampoo	Σαμπουάν
Shower	Ντουσ
Soap	Σαπούνι
Sponge	Σφουγγάρι
Steam	Ατμού
Toilet	Τουαλέτα
Towel	Πετσέτα
Water	Νερό

Beach
Παραλία

Blue	Μπλε
Boat	Βάρκα
Coast	Ακτή
Crab	Καβούρι
Dock	Αποβάθρα
Island	Νησί
Lagoon	Λιμνοθάλασσα
Ocean	Ωκεανός
Reef	Ξέρα
Sailboat	Ιστιοφόρο
Sand	Άμμο
Sandals	Σανδάλια
Sea	Θάλασσα
Shells	Κοχύλια
Sun	Ήλιοσ
Towel	Πετσέτα
Umbrella	Ομπρέλα
Vacation	Διακοπέσ

Bees
Μέλισσες

Beneficial	Ευεργετική
Blossom	Άνθοσ
Diversity	Ποικιλία
Ecosystem	Οικοσύστημα
Flowers	Λουλούδια
Food	Τροφή
Fruit	Φρούτο
Garden	Κήποσ
Hive	Κυψέλη
Honey	Μέλι
Insect	Έντομο
Plants	Φυτά
Pollen	Γύρη
Pollinator	Επικονιαστής
Queen	Βασίλισσα
Smoke	Καπνίζουν
Sun	Ήλιοσ
Swarm	Σμήνοσ
Wax	Κερί
Wings	Φτερά

Birds
Πουλιά

Canary	Καναρίνι
Chicken	Κοτόπουλο
Crow	Κοράκι
Cuckoo	Κούκοσ
Duck	Πάπια
Eagle	Αετόσ
Egg	Αυγό
Flamingo	Φλαμίνγκο
Goose	Χήνα
Gull	Γλάροσ
Hawk	Γεράκι
Heron	Ερωδιοσ
Parrot	Παπαγάλοσ
Peacock	Παγώνι
Pelican	Πελεκαν
Penguin	Πιγκουίνοσ
Sparrow	Σπουργίτι
Stork	Πελαργόσ
Swan	Κύκνοσ
Toucan	Τουκάν

Birthday
Γενέθλια

Cake	Κέικ
Calendar	Ημερολόγιο
Candles	Κερί
Cards	Κάρτεσ
Celebration	Γιορτή
Day	Μέρα
Friends	Φίλοι
Fun	Διασκέδαση
Gift	Δώρο
Happy	Ευτυχισμένο
Invitations	Πρόσκληση
Joyful	Χαρούμενο
Song	Τραγούδι
Special	Ειδική
Time	Ώρα
Wisdom	Σοφία
Year	Ετοσ

Boats
Σκάφη

Anchor	Άγκυρα
Buoy	Σημαδούρα
Canoe	Κανό
Crew	Πλήρωμα
Dock	Αποβάθρα
Engine	Μηχανή
Ferry	Πορθμείο
Kayak	Καγιάκ
Lake	Λίμνη
Lifeboat	Σωσίβια
Mast	Κατάρτι
Nautical	Ναυτικό
Ocean	Ωκεανός
Raft	Σχεδία
River	Ποταμόσ
Rope	Σχοινί
Sailboat	Ιστιοφόρο
Sailor	Ναύτησ
Sea	Θάλασσα
Yacht	Γιοτ

Books
Βιβλία

Adventure	Περιπέτεια
Author	Συγγραφέασ
Collection	Συλλογή
Context	Πλαίσιο
Duality	Δυαδικότητα
Epic	Επική
Historical	Ιστορικό
Humorous	Χιουμοριστικό
Inventive	Εφευρετική
Literary	Λογοτεχνική
Narrator	Αφηγητήσ
Novel	Μυθιστόρημα
Page	Σελίδα
Poem	Ποίημα
Poetry	Ποίηση
Reader	Αναγνώστησ
Relevant	Σχετική
Story	Ιστορία
Tragic	Τραγική
Written	Γραπτή

Buildings
Κτίρια

Apartment	Διαμέρισμα
Barn	Αχυρώνα
Cabin	Καμπίνα
Castle	Κάστρο
Embassy	Πρεσβεία
Factory	Εργοστάσιο
Farm	Αγρόκτημα
Hospital	Νοσοκομείο
Hostel	Ξενώνασ
Hotel	Ξενοδοχείο
Laboratory	Εργαστήριο
Museum	Μουσείο
Observatory	Παρατηρητήριο
School	Σχολείο
Stadium	Στάδιο
Supermarket	Μάρκετ
Tent	Σκηνή
Theater	Θέατρο
Tower	Πύργοσ
University	Πανεπιστήμιο

Camping
Κατασκήνωση

Adventure	Περιπέτεια
Animals	Ζώα
Cabin	Καμπίνα
Canoe	Κανό
Compass	Πυξίδα
Fire	Φωτιά
Forest	Δασοσ
Fun	Διασκέδαση
Hammock	Αιώρα
Hat	Καπέλο
Hunting	Κυνήγι
Insect	Έντομο
Lake	Λίμνη
Map	Χάρτη
Moon	Φεγγάρι
Mountain	Βουνό
Nature	Φύση
Rope	Σχοινί
Tent	Σκηνή
Trees	Δέντρα

Castles
Κάστρα

Armor	Πανοπλία
Catapult	Καταπέλτησ
Crown	Στέμμα
Dragon	Δράκοσ
Dungeon	Μπουντρούμι
Dynasty	Δυναστεία
Empire	Αυτοκρατορία
Feudal	Φεουδαρχική
Fortress	Φρούριο
Horse	Άλογο
Kingdom	Βασίλειο
Knight	Ιππότησ
Noble	Ευγενήσ
Palace	Παλάτι
Prince	Πρίγκιπασ
Princess	Πριγκίπισσα
Shield	Ασπίδα
Sword	Σπαθί
Tower	Πύργοσ
Wall	Τοίχοσ

Cats
Γάτες

Claw	Νύχι
Crazy	Τρελό,
Curious	Περίεργοσ
Funny	Αστείο
Fur	Γούνα
Hunter	Κυνηγόσ
Independent	Ανεξάρτητη
Mouse	Ποντίκι
Paw	Πόδι
Personality	Προσωπικότητα
Playful	Παιχνιδιάρικο
Shy	Ντροπαλόσ
Sleep	Κοιμάμαι
Tail	Ουρά
Wild	Άγριο
Yarn	Νήμα

Championship
Πρωτάθλημα

Champion	Πρωταθλητήσ
Championship	Πρωτάθλημα
Coach	Προπονητήσ
Endurance	Αντοχή
Finalist	Φιναλίστ
Games	Παιχνίδια
Judge	Δικαστήσ
League	Ένωση
Medal	Μετάλλιο
Motivation	Κίνητρο
Performance	Απόδοση
Perspiration	Εφίδρωση
Sports	Αθλητική
Strategy	Στρατηγική
Team	Ομάδα
Tournament	Τουρνουά
Victory	Νίκη

Chess
Σκάκι

Black	Μαύρο
Champion	Πρωταθλητής
Diagonal	Διαγώνιος
Game	Παιχνίδι
King	Βασιλιάς
Opponent	Αντίπαλος
Passive	Παθητική
Player	Παίκτη
Points	Σημεία
Queen	Βασίλισσα
Sacrifice	Θυσία
Strategy	Στρατηγική
Time	Ώρα
Tournament	Τουρνουά
White	Λευκό

Chocolate
Σοκολάτα

Aroma	Άρωμα
Artisanal	Βιοτεχνική
Bitter	Πικρή
Cacao	Κακάο
Calories	Θερμίδες
Caramel	Καραμέλα
Coconut	Καρύδα
Delicious	Νόστιμο
Exotic	Εξωτικό
Favorite	Αγαπημένος
Ingredient	Συστατικό
Peanuts	Φιστίκια
Powder	Σκόνη
Quality	Ποιότητα
Recipe	Συνταγή
Sugar	Ζάχαρη
Sweet	Γλυκό
Taste	Γεύση

Circus
Τσίρκο

Acrobat	Ακροβάτης
Animals	Ζώα
Balloons	Μπαλόνια
Candy	Καραμέλα
Clown	Κλόουν
Costume	Κοστούμι
Elephant	Ελέφαντας
Entertain	Διασκεδάσει
Juggler	Ζογκλέρ
Lion	Λιοντάρι
Magic	Μαγεία
Magician	Μάγος
Monkey	Μαϊμού
Music	Μουσική
Parade	Παρέλαση
Spectator	Θεατής
Tent	Σκηνή
Ticket	Εισιτήριο
Tiger	Τίγρη
Trick	Κόλπο

Climbing
Αναρρίχηση

Altitude	Υψόμετρο
Atmosphere	Ατμόσφαιρα
Boots	Μπότες
Cave	Σπήλαιο
Curiosity	Περιέργεια
Gloves	Γάντια
Guides	Οδηγοί
Helmet	Κράνος
Hiking	Πεζοπορία
Injury	Τραυματισμό
Map	Χάρτη
Narrow	Στενό
Physical	Φυσική
Stability	Σταθερότητα
Strength	Δύναμη
Terrain	Έδαφος
Training	Κατάρτιση

Clothes
Ρούχα

Apron	Ποδιά
Belt	Ζώνη
Blouse	Μπλούζα
Bracelet	Βραχιόλι
Coat	Παλτό
Dress	Φόρεμα
Fashion	Μόδα
Gloves	Γάντια
Hat	Καπέλο
Jacket	Σακάκι
Jeans	Τζιν
Jewelry	Κοσμήματα
Pajamas	Πιτζάμα
Pants	Παντελόνι
Sandals	Σανδάλια
Scarf	Κασκόλ
Shirt	Πουκάμισο
Shoe	Παπούτσι
Skirt	Φούστα
Sweater	Πουλόβερ

Colors
Χρώματα

Azure	Γαλάζιο
Beige	Μπεζ
Black	Μαύρο
Blue	Μπλε
Brown	Καφέ
Cyan	Κυανό
Fuchsia	Φούξια
Green	Πράσινο
Grey	Γκρι
Indigo	Λουλακί
Orange	Πορτοκάλι
Pink	Ροζ
Purple	Μοβ
Red	Κόκκινο
Sepia	Σέπια
Violet	Βιολετί
White	Λευκό
Yellow	Κίτρινο

Comedy
Κωμωδία

Actor	Φορέασ
Actress	Ηθοποιόσ
Applause	Χειροκρότημα
Audience	Ακροατήριο
Clowns	Κλόουν
Expressive	Εκφραστική
Fun	Διασκέδαση
Funny	Αστείο
Genre	Είδοσ
Humor	Χιούμορ
Jokes	Αστεία
Laughter	Γέλιο
Parody	Παρωδία
Television	Τηλεόραση
Theater	Θέατρο

Countries #2
Χώρες #2

Albania	Αλβανία
Denmark	Δανία
Ethiopia	Αιθιοπία
Greece	Ελλάδα
Haiti	Αϊτή
Jamaica	Τζαμάικα
Japan	Ιαπωνία
Laos	Λάοσ
Lebanon	Λίβανοσ
Liberia	Λιβερία
Mexico	Μεξικό
Nepal	Νεπάλ
Nigeria	Νιγηρία
Pakistan	Πακιστάν
Russia	Ρωσία
Somalia	Σομαλία
Sudan	Σουδάν
Syria	Συρία
Uganda	Ουγκάντα
Ukraine	Ουκρανία

Dance
Χορός

Academy	Ακαδημία
Art	Τέχνη
Body	Σώμα
Choreography	Χορογραφία
Classical	Κλασική
Cultural	Πολιτιστική
Culture	Πολιτισμόσ
Emotion	Συγκίνηση
Expressive	Εκφραστική
Grace	Χάρη
Joyful	Χαρούμενο
Movement	Κίνηση
Music	Μουσική
Partner	Παρτενέρ
Posture	Στάση
Rehearsal	Πρόβα
Rhythm	Ρυθμού
Traditional	Παραδοσιακή
Visual	Οπτική

Days and Months
Ημέρες και Μήνες

April	Απριλίου
August	Αυγούστου
Calendar	Ημερολόγιο
February	Φεβρουαρίου
Friday	Παρασκευή
January	Ιανουαρίου
July	Ιουλίου
March	Πορεία
Monday	Δευτέρα
Month	Μήνασ
November	Νοεμβρίου
October	Οκτωβρίου
Saturday	Σάββατο
September	Σεπτεμβρίου
Sunday	Κυριακή
Thursday	Πέμπτη
Tuesday	Τρίτη
Wednesday	Τετάρτη
Week	Εβδομάδα
Year	Ετοσ

Dinosaurs
Δεινόσαυροι

Carnivore	Σαρκοφάγο
Disappearance	Εξαφάνιση
Earth	Γη
Enormous	Τεράστιο
Evolution	Εξέλιξη
Fossils	Απολιθώματα
Herbivore	Φυτοφάγα
Mammoth	Μαμούθ
Omnivore	Παμφάγα
Powerful	Ισχυρό
Prehistoric	Προϊστορική
Prey	Θήραμα
Raptor	Αρπακτικό
Reptile	Ερπετό
Size	Μέγεθοσ
Species	Είδοσ
Tail	Ουρά
Wings	Φτερά

Driving
Οδήγηση

Accident	Ατύχημα
Brakes	Φρένα
Car	Αυτοκίνητο
Danger	Κινδύνου
Fuel	Καύσιμο
Garage	Γκαράζ
Gas	Αέριο
License	Άδεια
Map	Χάρτη
Motor	Μοτέρ
Motorcycle	Μοτοσυκλέτα
Pedestrian	Πεζόσ
Police	Αστυνομία
Road	Δρόμοσ
Safety	Ασφάλεια
Speed	Ταχύτητα
Street	Δρόμο
Traffic	Κυκλοφορία
Truck	Φορτηγό
Tunnel	Σήραγγα

Ecology
Οικολογία

Climate	Κλίμα
Communities	Κοινότητα
Diversity	Ποικιλία
Drought	Ξηρασία
Fauna	Πανίδα
Flora	Χλωρίδα
Global	Παγκόσμια
Marine	Θαλάσσιο
Mountains	Βουνά
Natural	Φυσική
Nature	Φύση
Plants	Φυτά
Resources	Πόρων
Species	Είδος
Survival	Επιβίωση
Sustainable	Βιώσιμη
Vegetation	Βλάστηση
Volunteers	Εθελοντές

Emotions
Συναισθήματα

Anger	Θυμός
Bliss	Ευδαιμονία
Boredom	Πλήξη
Content	Περιεχόμενο
Fear	Φόβος
Grateful	Ευγνώμων
Joy	Χαρά
Kindness	Καλοσύνη
Love	Αγάπη
Peace	Ειρήνη
Relaxed	Χαλαρή
Relief	Ανακούφιση
Sadness	Θλίψη
Satisfied	Ικανοποίησα
Surprise	Έκπληξη
Sympathy	Συμπόνια
Tenderness	Τρυφερότητα
Tranquility	Ηρεμία

Family
Οικογένεια

Ancestor	Πρόγονος
Aunt	Θεία
Brother	Αδελφός
Child	Παιδί
Cousin	Ξαδέρφη
Daughter	Κόρη
Father	Πατέρας
Grandchild	Εγγόνι
Grandfather	Παππούς
Grandmother	Γιαγιά
Grandson	Εγγονός
Husband	Σύζυγος
Maternal	Μητρική
Mother	Μητέρα
Nephew	Ανιψιός
Niece	Ανιψιά
Paternal	Πατρική
Sister	Αδελφή
Uncle	Θείος
Wife	Γυναίκα

Farm #1
Αγρόκτημα #1

Agriculture	Γεωργία
Bee	Μέλισσα
Calf	Μοσχάρι
Cat	Γάτα
Chicken	Κοτόπουλο
Cow	Αγελάδα
Crow	Κοράκι
Dog	Σκύλος
Donkey	Γαϊδούρι
Fence	Φράκτης
Fertilizer	Λίπασμα
Field	Πεδίο
Flock	Κοπάδι
Goat	Γίδα
Hay	Σανό
Honey	Μέλι
Horse	Άλογο
Rice	Ρύζι
Seeds	Σπόροι
Water	Νερό

Farm #2
Αγρόκτημα #2

Animals	Ζώα
Barley	Κριθάρι
Barn	Αχυρώνα
Corn	Καλαμπόκι
Duck	Πάπια
Farmer	Αγρότης
Food	Τροφή
Fruit	Φρούτο
Irrigation	Άρδευση
Lamb	Αρνί
Llama	Λάμα
Meadow	Λιβάδι
Milk	Γάλα
Orchard	Περιβόλι
Sheep	Πρόβατο
Shepherd	Βοσκός
Tractor	Τρακτέρ
Vegetable	Φυτό
Wheat	Σιτάρι
Windmill	Ανεμόμυλο

Fishing
Ψάρεμα

Bait	Δόλωμα
Basket	Καλάθι
Beach	Παραλία
Boat	Βάρκα
Equipment	Εξοπλισμός
Exaggeration	Υπερβολή
Fins	Πτερύγια
Gills	Βράγχια
Hook	Άγκιστρο
Jaw	Σαγόνι
Lake	Λίμνη
Ocean	Ωκεανός
Patience	Υπομονή
River	Ποταμός
Season	Εποχή
Water	Νερό
Weight	Ζυγίζω
Wire	Σύρμα

Flowers
Λουλούδια

Bouquet	Μπουκέτο
Calendula	Καλέντουλα
Clover	Τριφύλλι
Daisy	Μαργαρίτα
Dandelion	Πικραλίδα
Gardenia	Γαρδένια
Hibiscus	Ιβίσκοσ
Jasmine	Γιασεμί
Lavender	Λεβάντα
Lilac	Πασχαλιά
Lily	Κρίνοσ
Magnolia	Μανόλια
Orchid	Ορχιδέα
Passionflower	Πασσιφλόρα
Peony	Παιωνία
Petal	Πέταλο
Poppy	Παπαρούνα
Rose	Τριαντάφυλλο
Sunflower	Ηλιοτρόπιο
Tulip	Τουλίπα

Food #1
Τρόφιμα #1

Apricot	Βερίκοκο
Barley	Κριθάρι
Basil	Βασιλικού
Carrot	Καρότο
Cinnamon	Κανέλα
Garlic	Σκόρδο
Juice	Χυμός
Lemon	Λεμόνι
Milk	Γάλα
Onion	Κρεμμύδι
Peanut	Φιστίκι
Pear	Αχλάδι
Salad	Σαλάτα
Salt	Αλάτι
Soup	Σούπα
Spinach	Σπανάκι
Strawberry	Φράουλα
Sugar	Ζάχαρη
Tuna	Τόνοσ
Turnip	Γογγύλι

Food #2
Τρόφιμα #2

Apple	Μήλο
Artichoke	Αγκινάρα
Banana	Μπανάνα
Broccoli	Μπρόκολο
Celery	Σέλινο
Cheese	Τυρί
Cherry	Κεράσι
Chicken	Κοτόπουλο
Chocolate	Σοκολάτα
Egg	Αυγό
Eggplant	Μελιτζάνα
Fish	Ψάρι
Grape	Σταφύλι
Ham	Ζαμπόν
Kiwi	Ακτινίδιο
Mushroom	Μανιτάρι
Rice	Ρύζι
Tomato	Ντομάτα
Wheat	Σιτάρι
Yogurt	Γιαούρτι

Fruit
Φρούτα

Apple	Μήλο
Apricot	Βερίκοκο
Avocado	Αβοκάντο
Banana	Μπανάνα
Berry	Μούρο
Cherry	Κεράσι
Coconut	Καρύδα
Fig	Σύκο
Grape	Σταφύλι
Guava	Γκουάβα
Kiwi	Ακτινίδιο
Lemon	Λεμόνι
Mango	Μάνγκο
Melon	Πεπόνι
Nectarine	Νεκταρίνι
Papaya	Παπάγια
Peach	Ροδάκινο
Pear	Αχλάδι
Pineapple	Ανανά
Raspberry	Βατόμουρο

Furniture
Έπιπλα

Armchair	Πολυθρόνα
Bed	Κρεβάτι
Bench	Παγκάκι
Bookcase	Βιβλιοθήκη
Chair	Καρέκλα
Couch	Καναπέ
Curtains	Κουρτίνα
Cushions	Μαξιλάρια
Desk	Γραφείο
Dresser	Κομμό
Futon	Φουτόν
Hammock	Αιώρα
Lamp	Λάμπα
Mattress	Στρώμα
Mirror	Καθρεφτησ
Pillow	Μαξιλάρι
Rug	Χαλί
Shelves	Ράφια

Garden
Κήπος

Bench	Παγκάκι
Fence	Φρακτησ
Flower	Λουλούδι
Garage	Γκαράζ
Garden	Κήπος
Grass	Γρασίδι
Hammock	Αιώρα
Hose	Σωλήνα
Lawn	Γκαζόν
Orchard	Περιβόλι
Pond	Λίμνη
Rake	Τσουγκράνα
Shovel	Φτυάρι
Terrace	Βεράντα
Trampoline	Τραμπολίνο
Tree	Δέντρο
Vine	Αμπέλι
Weeds	Ζιζάνια

Geography
Γεωγραφία

Altitude	Υψόμετρο
Atlas	Άτλαντα
City	Πόλη
Continent	Ήπειροσ
Country	Χώρα
Elevation	Ανύψωση
Hemisphere	Ημισφαίριο
Island	Νησί
Map	Χάρτη
Meridian	Μεσημβρινό
Mountain	Βουνό
North	Βορρά
Ocean	Ωκεανόσ
Region	Περιοχή
River	Ποταμόσ
Sea	Θάλασσα
South	Νότια
Territory	Έδαφοσ
West	Δύση
World	Κόσμο

Geology
Γεωλογία

Acid	Οξύ
Calcium	Ασβέστιο
Cavern	Σπήλαιο
Continent	Ήπειροσ
Coral	Κοράλλι
Crystals	Κρύσταλλα
Earthquake	Σεισμόσ
Erosion	Διάβρωση
Fossil	Απολίθωμα
Lava	Λάβα
Layer	Στρώμα
Minerals	Ορυκτά
Molten	Λιωμένο
Plateau	Οροπέδιο
Quartz	Χαλαζία
Salt	Αλάτι
Stalactite	Σταλακτίτησ
Stalagmites	Σταλαγμιτεσ
Stone	Πέτρα
Volcano	Ηφαίστειο

Hair Types
Τύποι Μαλλιών

Bald	Φαλακρόσ
Black	Μαύρο
Blond	Ξανθά
Braided	Πλεγμένο
Braids	Πλεξούδεσ
Brown	Καφέ
Curls	Μπούκλεσ
Curly	Σγουρά
Dry	Ξηρό
Gray	Γκρι
Healthy	Υγιή
Long	Μακρύ
Shiny	Λαμπερά
Short	Κοντό
Silver	Ασημένιο
Smooth	Ομαλή
Soft	Μαλακό
Thick	Παχύ
Thin	Λεπτή
White	Λευκό

Herbalism
Βοτανολογία

Aromatic	Αρωματικό
Basil	Βασιλικού
Beneficial	Ευεργετική
Culinary	Μαγειρική
Fennel	Μάραθο
Flavor	Γεύση
Flower	Λουλούδι
Garden	Κήποσ
Garlic	Σκόρδο
Green	Πράσινο
Ingredient	Συστατικό
Lavender	Λεβάντα
Marjoram	Μαντζουράνα
Mint	Μέντα
Oregano	Ρίγανη
Parsley	Μαϊντανόσ
Plant	Φυτό
Rosemary	Δενδρολίβανο
Saffron	Κροκοσ
Tarragon	Εστραγκόν

Hiking
Πεζοπορία

Animals	Ζώα
Boots	Μπότεσ
Camping	Κάμπινγκ
Cliff	Βράχο
Climate	Κλίμα
Guides	Οδηγοί
Heavy	Βαριά
Map	Χάρτη
Mosquitoes	Κουνούπια
Mountain	Βουνό
Nature	Φύση
Parks	Πάρκα
Preparation	Παρασκευή
Stones	Πέτρα
Summit	Κορυφή
Sun	Ήλιοσ
Tired	Κουρασμένοσ
Water	Νερό
Weather	Καιρόσ
Wild	Άγριο

House
Σπίτι

Attic	Σοφίτα
Broom	Σκούπα
Curtains	Κουρτίνα
Door	Πόρτα
Fence	Φρακτησ
Fireplace	Τζάκι
Floor	Πάτωμα
Furniture	Έπιπλα
Garage	Γκαράζ
Garden	Κήποσ
Keys	Κλειδιά
Kitchen	Κουζίνα
Lamp	Λάμπα
Library	Βιβλιοθήκη
Mirror	Καθρεφτησ
Roof	Στέγη
Room	Δωμάτιο
Shower	Ντουσ
Wall	Τοίχοσ
Window	Παράθυρο

Human Body
Ανθρώπινο Σώμα

Ankle	Αστράγαλοσ
Blood	Αίμα
Bones	Οστά
Brain	Μυαλό
Chin	Πηγούνι
Ear	Αυτί
Elbow	Αγκώνα
Face	Πρόσωπο
Finger	Δάχτυλο
Hand	Χέρι
Head	Κεφάλι
Heart	Καρδιά
Jaw	Σαγόνι
Knee	Γόνατο
Leg	Πόδι
Mouth	Στόμα
Neck	Λαιμόσ
Nose	Μύτη
Shoulder	Ώμοσ
Skin	Δέρμα

Insects
Έντομα

Ant	Μυρμήγκι
Aphid	Μελίγκρα
Bee	Μέλισσα
Beetle	Σκαθάρι
Butterfly	Πεταλούδα
Cicada	Τζιτζίκι
Cockroach	Κατσαρίδα
Flea	Υπαίθρια
Gnat	Σκνίπα
Grasshopper	Ακρίδα
Ladybug	Πασχαλίτσα
Larva	Προνύμφη
Mantis	Μάντησ
Mosquito	Κουνούπι
Moth	Σκώροσ
Termite	Τερμίτησ
Wasp	Σφήκα
Worm	Σκουλήκι

Kitchen
Κουζίνα

Apron	Ποδιά
Bowl	Μπολ
Chopsticks	Ξυλάκια
Cups	Κύπελλα
Food	Τροφή
Forks	Πιρούνια
Grill	Σχάρα
Jug	Κανάτα
Kettle	Βραστήρασ
Knives	Μαχαίρια
Ladle	Κουτάλα
Napkin	Χαρτοπετσέτα
Oven	Φούρνοσ
Recipe	Συνταγή
Refrigerator	Ψυγείο
Spices	Μπαχαρικό
Sponge	Σφουγγάρι
Spoons	Κουτάλια

Landscapes
Τοπία

Beach	Παραλία
Cave	Σπήλαιο
Cliff	Βράχο
Desert	Ερήμου
Glacier	Παγετώνασ
Hill	Λόφο
Iceberg	Παγόβουνο
Island	Νησί
Lake	Λίμνη
Mountain	Βουνό
Oasis	Όαση
Ocean	Ωκεανόσ
Peninsula	Χερσόνησο
River	Ποταμόσ
Sea	Θάλασσα
Swamp	Βάλτοσ
Tundra	Τούνδρα
Valley	Κοιλάδα
Volcano	Ηφαίστειο
Waterfall	Καταρράκτη

Literature
Λογοτεχνία

Analogy	Αναλογία
Analysis	Ανάλυση
Anecdote	Ανέκδοτο
Author	Συγγραφέασ
Biography	Βιογραφία
Comparison	Σύγκριση
Conclusion	Συμπέρασμα
Description	Περιγραφή
Dialogue	Διάλογοσ
Fiction	Φαντασία
Metaphor	Μεταφορά
Narrator	Αφηγητήσ
Novel	Μυθιστόρημα
Opinion	Γνώμη
Poem	Ποίημα
Poetic	Ποιητική
Rhythm	Ρυθμού
Style	Στυλ
Theme	Θέμα
Tragedy	Τραγωδία

Mammals
Θηλαστικά

Bear	Αρκούδα
Beaver	Κάστορασ
Bull	Ταύροσ
Cat	Γάτα
Coyote	Κογιότ
Dog	Σκύλοσ
Dolphin	Δελφίνι
Elephant	Ελέφαντασ
Fox	Αλεπού
Giraffe	Καμηλοπάρδαλη
Gorilla	Γορίλασ
Horse	Άλογο
Kangaroo	Καγκουρό
Lion	Λιοντάρι
Monkey	Μαϊμού
Rabbit	Κουνέλι
Sheep	Πρόβατο
Whale	Φάλαινα
Wolf	Λύκοσ
Zebra	Ζέβρα

Math
Μαθηματικά

Angles	Γωνία
Arithmetic	Αριθμητική
Circumference	Περιφέρεια
Decimal	Δεκαδικό
Diameter	Διάμετροσ
Division	Διαίρεση
Equation	Εξίσωση
Exponent	Εκθέτη
Fraction	Κλάσμα
Geometry	Γεωμετρία
Numbers	Αριθμοί
Parallel	Παράλληλη
Perimeter	Περίμετρο
Polygon	Πολύγωνο
Radius	Ακτίνα
Rectangle	Ορθογώνιο
Square	Πλατεία
Symmetry	Συμμετρία
Triangle	Τριγώνου
Volume	Ένταση

Measurements
Μετρήσεις

Byte	Ψηφιολεξη
Centimeter	Εκατοστό
Decimal	Δεκαδικό
Degree	Βαθμόσ
Depth	Βάθοσ
Gram	Γραμμάριο
Height	Υψοσ
Inch	Ίντσα
Kilogram	Χιλιόγραμμο
Kilometer	Χιλιόμετρο
Length	Μήκοσ
Liter	Λίτρο
Mass	Μάζα
Meter	Μέτρο
Minute	Λεπτό
Ounce	Ουγγιά
Ton	Τόνοσ
Volume	Ένταση
Weight	Ζυγίζω
Width	Πλάτοσ

Meditation
Διαλογισμός

Acceptance	Αποδοχή
Attention	Προσοχή
Awake	Ξύπνησε
Breathing	Αναπνοή
Calm	Ηρεμία
Clarity	Σαφήνεια
Compassion	Συμπόνια
Emotions	Συναισθήματα
Gratitude	Ευγνωμοσύνη
Happiness	Ευτυχία
Kindness	Καλοσύνη
Mental	Ψυχική
Mind	Μυαλό
Movement	Κίνηση
Music	Μουσική
Nature	Φύση
Peace	Ειρήνη
Perspective	Προοπτική
Silence	Σιωπή
Thoughts	Σκέψη

Musical Instruments
Μουσικά Όργανα

Banjo	Μπάντζο
Bassoon	Φαγκότο
Cello	Βιολοντσέλο
Clarinet	Κλαρινέτο
Drum	Τύμπανο
Drumsticks	Κνήμεσ
Flute	Φλάουτο
Gong	Γκονγκ
Guitar	Κιθάρα
Harp	Άρπα
Mandolin	Μαντολίνο
Marimba	Μαρίμπα
Oboe	Όμποε
Percussion	Κρούση
Piano	Πιάνο
Saxophone	Σαξόφωνο
Tambourine	Ντέφι
Trombone	Τρομπόνι
Trumpet	Τρομπέτα
Violin	Βιολί

Mythology
Μυθολογία

Archetype	Αρχέτυπο
Behavior	Συμπεριφορά
Beliefs	Πεποιθήσεις
Creation	Δημιουργία
Creature	Πλάσμα
Culture	Πολιτισμόσ
Disaster	Καταστροφή
Hero	Ήρωασ
Heroine	Ηρωίδα
Immortality	Αθανασία
Jealousy	Ζήλια
Labyrinth	Λαβύρινθοσ
Legend	Θρύλοσ
Lightning	Αστραπή
Monster	Τέρασ
Mortal	Θνητόσ
Revenge	Εκδίκηση
Strength	Δύναμη
Thunder	Βροντή
Warrior	Πολεμιστήσ

Nature
Φύση

Animals	Ζώα
Arctic	Αρκτική
Beauty	Ομορφιά
Bees	Μέλισσεσ
Clouds	Σύννεφα
Desert	Ερήμου
Dynamic	Δυναμική
Erosion	Διάβρωση
Fog	Ομίχλη
Foliage	Φύλλωμα
Forest	Δασοσ
Glacier	Παγετώνασ
Mountains	Βουνά
Peaceful	Ειρηνική
River	Ποταμόσ
Sanctuary	Ιερό
Serene	Γαλήνιο
Tropical	Τροπική
Vital	Ζωτική
Wild	Άγριο

Numbers
Αριθμοί

Decimal	Δεκαδικό
Eight	Οκτώ
Eighteen	Δεκαοκτώ
Fifteen	Δεκαπέντε
Five	Πέντε
Four	Τέσσερα
Fourteen	Δεκατέσσερα
Nine	Εννέα
Nineteen	Δεκαεννέα
One	Ένα
Seven	Επτά
Seventeen	Δεκαεπτά
Six	Έξι
Sixteen	Δεκαέξι
Ten	Δέκα
Thirteen	Δεκατρία
Three	Τρία
Twelve	Δώδεκα
Twenty	Είκοσι
Two	Δύο

Nutrition
Διατροφή

Appetite	Όρεξη
Balanced	Ισορροπημένη
Bitter	Πικρή
Calories	Θερμίδεσ
Diet	Διατροφή
Digestion	Πέψη
Edible	Βρώσιμα
Fermentation	Ζύμωση
Flavor	Γεύση
Health	Υγεία
Healthy	Υγιή
Liquids	Υγρά
Nutrient	Θρεπτική
Proteins	Πρωτεϊνεσ
Quality	Ποιότητα
Sauce	Σάλτσα
Spices	Μπαχαρικό
Toxin	Τοξίνη
Vitamin	Βιταμίνη
Weight	Ζυγίζω

Ocean
Ωκεανός

Algae	Άλγη
Coral	Κοράλλι
Crab	Καβούρι
Dolphin	Δελφίνι
Eel	Χέλι
Fish	Ψάρι
Jellyfish	Μέδουσεσ
Octopus	Χταπόδι
Oyster	Στρείδι
Reef	Ξέρα
Salt	Αλάτι
Seaweed	Φύκι
Shark	Καρχαρίασ
Shrimp	Γαρίδα
Sponge	Σφουγγάρι
Storm	Καταιγίδα
Tides	Παλίρροια
Tuna	Τόνοσ
Turtle	Χελώνα
Whale	Φάλαινα

Pets
Κατοικίδια

Cat	Γάτα
Collar	Κολάρο
Cow	Αγελάδα
Dog	Σκύλοσ
Fish	Ψάρι
Food	Τροφή
Goat	Γίδα
Hamster	Χάμστερ
Kitten	Γατάκι
Leash	Λουρί
Lizard	Σαύρα
Mouse	Ποντίκι
Parrot	Παπαγάλοσ
Paws	Πόδια
Puppy	Κουτάβι
Rabbit	Κουνέλι
Tail	Ουρά
Turtle	Χελώνα
Veterinarian	Κτηνίατροσ
Water	Νερό

Pirates
Πειρατές

Adventure	Περιπέτεια
Anchor	Άγκυρα
Bad	Κακό
Beach	Παραλία
Captain	Λοχαγόσ
Cave	Σπήλαιο
Coins	Κέρματα
Compass	Πυξίδα
Crew	Πλήρωμα
Danger	Κινδύνου
Flag	Σημαία
Gold	Χρυσόσ
Island	Νησί
Legend	Θρύλοσ
Map	Χάρτη
Parrot	Παπαγάλοσ
Rum	Ρούμι
Scar	Ουλή
Sword	Σπαθί
Treasure	Θησαυρόσ

Plants
Φυτά

Bamboo	Μπαμπού
Bean	Φασόλι
Berry	Μούρο
Blossom	Άνθοσ
Botany	Βοτανική
Cactus	Κάκτοσ
Fertilizer	Λίπασμα
Flora	Χλωρίδα
Flower	Λουλούδι
Foliage	Φύλλωμα
Forest	Δασοσ
Garden	Κήποσ
Grass	Γρασίδι
Ivy	Κισσόσ
Moss	Βρύα
Petal	Πέταλο
Root	Ρίζα
Stem	Ανακόπτω
Tree	Δέντρο
Vegetation	Βλάστηση

Professions #1
Επαγγέλματα #1

Ambassador	Πρέσβησ
Astronomer	Αστρονόμοσ
Attorney	Δικηγόροσ
Banker	Τραπεζίτησ
Cartographer	Χαρτογράφοσ
Coach	Προπονητήσ
Dancer	Χορευτήσ
Doctor	Διδάκτωρ
Editor	Επεξεργασία
Firefighter	Πυροσβέστησ
Geologist	Γεωλόγοσ
Hunter	Κυνηγόσ
Musician	Μουσικόσ
Nurse	Νοσοκόμα
Pianist	Πιανίστασ
Plumber	Υδραυλικόσ
Psychologist	Ψυχολόγοσ
Sailor	Ναύτησ
Tailor	Προσαρμοσμένα
Veterinarian	Κτηνίατροσ

Professions #2
Επαγγέλματα #2

Astronaut	Αστροναύτησ
Biologist	Βιολόγοσ
Dentist	Οδοντίατροσ
Detective	Ντετέκτιβ
Engineer	Μηχανικόσ
Farmer	Αγροτησ
Gardener	Κηπουρόσ
Illustrator	Εικονογράφοσ
Inventor	Εφευρέτησ
Journalist	Δημοσιογράφοσ
Linguist	Γλωσσολόγοσ
Painter	Ζωγράφοσ
Philosopher	Φιλόσοφοσ
Photographer	Φωτογράφοσ
Physician	Ιατροσ
Pilot	Πιλοτική
Researcher	Ερευνητήσ
Surgeon	Χειρουργόσ
Teacher	Δάσκαλοσ
Zoologist	Ζωολόγοσ

Rainforest
Τροπικό Δάσος

Amphibians	Αμφίβια
Birds	Πουλιά
Botanical	Βοτανική
Climate	Κλίμα
Clouds	Σύννεφα
Community	Κοινότητα
Diversity	Ποικιλία
Insects	Έντομα
Jungle	Ζούγκλα
Mammals	Θηλαστικά
Moss	Βρύα
Nature	Φύση
Preservation	Διατήρηση
Refuge	Καταφύγιο
Respect	Σέβομαι
Restoration	Αποκατάσταση
Species	Είδοσ
Survival	Επιβίωση
Valuable	Πολύτιμα

Restaurant #1
Εστιατόριο #1

Allergy	Αλλεργία
Bowl	Μπολ
Bread	Ψωμί
Chicken	Κοτόπουλο
Coffee	Καφέ
Dessert	Επιδόρπιο
Food	Τροφή
Ingredients	Συστατικά
Kitchen	Κουζίνα
Knife	Μαχαίρι
Meat	Κρέασ
Menu	Μενού
Napkin	Χαρτοπετσέτα
Plate	Πλάκα
Reservation	Κράτηση
Sauce	Σάλτσα
Spicy	Πικάντικο
Waitress	Σερβιτόρα

Restaurant #2
Εστιατόριο #2

Beverage	Ποτό
Cake	Κέικ
Chair	Καρέκλα
Delicious	Νόστιμο
Dinner	Δείπνο
Eggs	Αυγα
Fish	Ψάρι
Fork	Πιρούνι
Fruit	Φρούτο
Ice	Πάγοσ
Lunch	Γεύμα
Noodles	Λαζάνια
Salad	Σαλάτα
Salt	Αλάτι
Soup	Σούπα
Spices	Μπαχαρικό
Spoon	Κουτάλι
Vegetables	Λαχανικά
Waiter	Σερβιτόροσ
Water	Νερό

School #1
Σχολείο #1

Alphabet	Αλφάβητο
Answers	Απάντηση
Books	Βιβλια
Chair	Καρέκλα
Classroom	Τάξη
Desk	Γραφείο
Exams	Εξετάσεισ
Folders	Φακελοι
Friends	Φίλοι
Fun	Διασκέδαση
Library	Βιβλιοθήκη
Lunch	Γεύμα
Math	Μαθηματικά
Numbers	Αριθμοί
Paper	Χαρτί
Pencil	Μολύβι
Pens	Στυλό
Quiz	Κουίζ
Teacher	Δάσκαλοσ

School #2
Σχολείο #2

Academic	Ακαδημαϊκή
Backpack	Σακίδιο
Books	Βιβλία
Bus	Λεωφορείο
Calendar	Ημερολόγιο
Computer	Υπολογιστή
Dictionary	Λεξικό
Education	Εκπαίδευση
Eraser	Γόμα
Friends	Φίλοι
Games	Παιχνίδια
Grammar	Γραμματική
Library	Βιβλιοθήκη
Literature	Λογοτεχνία
Paper	Χαρτί
Pencil	Μολύβι
Science	Επιστήμη
Scissors	Ψαλίδι
Supplies	Παροχή
Teacher	Δάσκαλοσ

Science
Επιστήμη

Atom	Άτομο
Chemical	Χημική
Climate	Κλίμα
Data	Δεδομένα
Evolution	Εξέλιξη
Experiment	Πείραμα
Fact	Γεγονός
Fossil	Απολίθωμα
Gravity	Βαρύτητα
Hypothesis	Υπόθεση
Laboratory	Εργαστήριο
Method	Μέθοδοσ
Minerals	Ορυκτά
Molecules	Μόρια
Nature	Φύση
Organism	Οργανισμόσ
Particles	Σωματίδια
Physics	Φυσική
Plants	Φυτά
Scientist	Επιστήμονασ

Science Fiction
Επιστημονική Φαντασία

Atomic	Ατομικό
Books	Βιβλία
Chemicals	Χημική
Distant	Μακρινό
Dystopia	Δυστοπία
Explosion	Έκρηξη
Extreme	Άκρο
Fire	Φωτιά
Futuristic	Φουτουριστικό
Galaxy	Γαλαξίασ
Illusion	Ψευδαίσθηση
Imaginary	Φανταστικό
Mysterious	Μυστηριώδησ
Novels	Μυθιστορήματα
Oracle	Μαντείο
Planet	Πλανήτησ
Robots	Ρομπότ
Technology	Τεχνολογία
Utopia	Ουτοπία
World	Κόσμο

Scientific Disciplines
Επιστημονικοί Κλάδοι

Anatomy	Ανατομία
Archaeology	Αρχαιολογία
Astronomy	Αστρονομία
Biochemistry	Βιοχημεία
Biology	Βιολογία
Botany	Βοτανική
Chemistry	Χημεία
Ecology	Οικολογία
Geology	Γεωλογία
Immunology	Ανοσολογία
Kinesiology	Κινησιολογία
Linguistics	Γλωσσολογία
Mechanics	Μηχανική
Mineralogy	Ορυκτολογία
Neurology	Νευρολογία
Physiology	Φυσιολογία
Psychology	Ψυχολογία
Sociology	Κοινωνιολογία
Thermodynamics	Θερμοδυναμική
Zoology	Ζωολογία

Shapes
Σχήματα

Arc	Τόξο
Circle	Κύκλοσ
Cone	Κώνοσ
Corner	Γωνία
Cube	Κύβοσ
Curve	Καμπύλη
Cylinder	Κύλινδροσ
Edges	Άκρη
Ellipse	Έλλειψη
Hyperbola	Υπερβολή
Line	Γραμμή
Oval	Οβάλ
Polygon	Πολύγωνο
Prism	Πρίσμα
Pyramid	Πυραμίδα
Rectangle	Ορθογώνιο
Side	Πλευρά
Sphere	Σφαίρα
Square	Πλατεία
Triangle	Τριγώνου

Spices
Μπαχαρικά

Anise	Γλυκάνισο
Bitter	Πικρή
Cardamom	Κάρδαμο
Cinnamon	Κανέλα
Clove	Γαρύφαλλο
Cumin	Κύμινο
Curry	Κάρυ
Fennel	Μάραθο
Flavor	Γεύση
Garlic	Σκόρδο
Ginger	Τζίντζερ
Licorice	Γλυκόριζα
Nutmeg	Μοσχοκάρυδο
Onion	Κρεμμύδι
Paprika	Πάπρικα
Pepper	Πιπέρι
Saffron	Κροκοσ
Salt	Αλάτι
Sweet	Γλυκό
Vanilla	Βανίλια

Sports
Αθλητισμός

Athlete	Αθλητής
Baseball	Μπέιζμπολ
Basketball	Μπάσκετ
Bicycle	Ποδήλατο
Championship	Πρωτάθλημα
Coach	Προπονητής
Game	Παιχνίδι
Golf	Γκολφ
Gymnasium	Γυμνάσιο
Gymnastics	Γυμναστική
Hockey	Χόκεϊ
Movement	Κίνηση
Player	Παίκτη
Referee	Διαιτητής
Stadium	Στάδιο
Team	Ομάδα
Tennis	Τένις
Winner	Νικητής

Summer
Καλοκαίρι

Beach	Παραλία
Books	Βιβλία
Camping	Κάμπινγκ
Diving	Καταδύσεις
Family	Οικογένεια
Food	Τροφή
Friends	Φίλοι
Games	Παιχνίδια
Garden	Κήπος
Home	Σπίτι
Joy	Χαρά
Leisure	Αναψυχή
Music	Μουσική
Relaxation	Χαλάρωση
Sandals	Σανδάλια
Sea	Θάλασσα
Stars	Αστέρια
Travel	Ταξίδι
Vacation	Διακοπές

Surfing
Σέρφινγκ

Athlete	Αθλητής
Beach	Παραλία
Beginner	Αρχάριος
Champion	Πρωταθλητής
Crowds	Πλήθη
Extreme	Άκρο
Foam	Αφρός
Fun	Διασκέδαση
Ocean	Ωκεανός
Paddle	Κουπί
Popular	Δημοφιλής
Reef	Ξέρα
Speed	Ταχύτητα
Stomach	Στομάχι
Strength	Δύναμη
Style	Στυλ
Wave	Κύμα
Weather	Καιρός

Technology
Τεχνολογία

Blog	Ιστολόγιο
Browser	Περιήγησης
Bytes	Ψηφιολέξεις
Computer	Υπολογιστή
Cursor	Δρομεας
Data	Δεδομένα
Digital	Ψηφιακή
File	Αρχείο
Internet	Διαδίκτυο
Message	Μήνυμα
Research	Έρευνα
Screen	Οθόνη
Security	Ασφάλεια
Software	Λογισμικό
Statistics	Στατιστική
Virtual	Εικονική
Virus	Ιός

Time
Χρόνος

Annual	Ετήσια
Before	Πριν
Calendar	Ημερολόγιο
Century	Αιώνας
Clock	Ρολόι
Day	Μέρα
Decade	Δεκαετία
Early	Αρχή
Future	Μέλλον
Hour	Ώρα
Minute	Λεπτό
Month	Μήνας
Morning	Πρωί
Night	Νύχτα
Noon	Μεσημέρι
Now	Τώρα
Soon	Σύντομα
Today	Σήμερα
Week	Εβδομάδα
Year	Ετος

To Fill
Για Γέμισμα

Bag	Σακούλα
Barrel	Βαρέλι
Basin	Λεκάνη
Basket	Καλάθι
Bottle	Μπουκάλι
Box	Κουτί
Carton	Χαρτοκιβώτιο
Crate	Κιβώτιο
Drawer	Συρτάρι
Envelope	Φάκελος
Folder	Φάκελο
Packet	Πακέτο
Pocket	Τσέπη
Suitcase	Βαλίτσα
Tray	Δίσκος
Tube	Σωλήνας
Vase	Βάζο

Town
Πόλη

Airport	Αεροδρόμιο
Bakery	Αρτοποιείο
Bank	Τράπεζα
Bookstore	Βιβλιοπωλείο
Cafe	Καφενείο
Clinic	Κλινική
Florist	Ανθοπωλείο
Gallery	Συλλογή
Hotel	Ξενοδοχείο
Library	Βιβλιοθήκη
Market	Αγορά
Museum	Μουσείο
Pharmacy	Φαρμακείο
School	Σχολείο
Stadium	Στάδιο
Store	Αποθηκεύω
Supermarket	Μάρκετ
Theater	Θέατρο
University	Πανεπιστήμιο
Zoo	Ζωολογικό

Toys
Παιχνίδια

Airplane	Αεροπλάνο
Ball	Μπάλα
Bicycle	Ποδήλατο
Boat	Βάρκα
Books	Βιβλια
Car	Αυτοκίνητο
Chess	Σκάκι
Crafts	Βιοτεχνία
Crayons	Κραγιόνια
Doll	Κούκλα
Drums	Τύμπανα
Favorite	Αγαπημένοσ
Games	Παιχνίδια
Imagination	Φαντασία
Kite	Χαρταετόσ
Paints	Χρώματα
Puzzle	Παζλ
Robot	Ρομπότ
Train	Τρένο
Truck	Φορτηγό

Vacation #1
Διακοπές #1

Airplane	Αεροπλάνο
Backpack	Σακίδιο
Car	Αυτοκίνητο
Currency	Νόμισμα
Customs	Τελωνείο
Departure	Αναχώρηση
Expedition	Εκδρομή
Itinerary	Δρομολόγιο
Lake	Λίμνη
Museum	Μουσείο
Relaxation	Χαλάρωση
Suitcase	Βαλίτσα
Ticket	Εισιτήριο
Tourist	Τουριστασ
Tram	Τραμ
Umbrella	Ομπρέλα

Vacation #2
Διακοπές #2

Airport	Αεροδρόμιο
Beach	Παραλία
Camping	Κάμπινγκ
Destination	Προορισμόσ
Foreign	Ξένο
Hotel	Ξενοδοχείο
Island	Νησί
Journey	Ταξίδι
Leisure	Αναψυχή
Map	Χάρτη
Mountains	Βουνά
Passport	Διαβατήριο
Restaurant	Εστιατόριο
Sea	Θάλασσα
Taxi	Ταξί
Tent	Σκηνή
Train	Τρένο
Transportation	Μεταφορά
Visa	Βίζα

Vegetables
Λαχανικά

Artichoke	Αγκινάρα
Broccoli	Μπρόκολο
Carrot	Καρότο
Cauliflower	Κουνουπίδι
Celery	Σέλινο
Cucumber	Αγγούρι
Eggplant	Μελιτζάνα
Garlic	Σκόρδο
Ginger	Τζίντζερ
Mushroom	Μανιτάρι
Onion	Κρεμμύδι
Parsley	Μαϊντανόσ
Pea	Μπιζέλι
Pumpkin	Κολοκύθα
Radish	Ραπανάκι
Salad	Σαλάτα
Shallot	Εσκαλωνίδα
Spinach	Σπανάκι
Tomato	Ντομάτα
Turnip	Γογγύλι

Vehicles
Οχήματα

Airplane	Αεροπλάνο
Ambulance	Ασθενοφόρο
Bicycle	Ποδήλατο
Boat	Βάρκα
Bus	Λεωφορείο
Car	Αυτοκίνητο
Caravan	Τροχόσπιτο
Engine	Μηχανή
Ferry	Πορθμείο
Helicopter	Ελικόπτερο
Motor	Μοτέρ
Raft	Σχεδία
Rocket	Ρουκέτα
Scooter	Σκούτερ
Submarine	Υποβρύχιο
Subway	Μετρό
Taxi	Ταξί
Tires	Λάστιχα
Tractor	Τρακτέρ
Truck	Φορτηγό

Virtues #1
Αρετές #1

Artistic	Καλλιτεχνική
Charming	Γοητευτικό
Clean	Καθαρό
Curious	Περίεργοσ
Decisive	Αποφασιστική
Funny	Αστείο
Generous	Γενναιόδωρη
Good	Καλή
Helpful	Χρήσιμη
Imaginative	Ευφάνταστη
Independent	Ανεξάρτητη
Modest	Μέτριο
Passionate	Παθιασμένοσ
Practical	Πρακτική
Reliable	Αξιόπιστο
Wise	Σοφόσ

Visual Arts
Εικαστικές Τέχνες

Architecture	Αρχιτεκτονική
Artist	Καλλιτέχνησ
Ceramics	Κεραμική
Chalk	Κιμωλία
Charcoal	Κάρβουνο
Composition	Σύνθεση
Easel	Καβαλέτο
Film	Ταινία
Masterpiece	Αριστούργημα
Painting	Ζωγραφική
Pen	Στυλό
Pencil	Μολύβι
Perspective	Προοπτική
Photograph	Φωτογραφία
Portrait	Πορτρέτο
Sculpture	Γλυπτική
Stencil	Πολυγράφο
Varnish	Βερνίκι
Wax	Κερί

Water
Νερό

Canal	Κανάλι
Damp	Υγρό
Drinkable	Πόσιμο
Evaporation	Εξάτμιση
Flood	Πλημμύρα
Frost	Παγωνιά
Hurricane	Χιουρικανασ
Ice	Πάγοσ
Irrigation	Άρδευση
Lake	Λίμνη
Moisture	Υγρασία
Monsoon	Μουσώνασ
Ocean	Ωκεανόσ
Rain	Βροχή
River	Ποταμόσ
Shower	Ντουσ
Snow	Χιόνι
Steam	Ατμού
Waves	Κύματα

Weather
Καιρός

Atmosphere	Ατμόσφαιρα
Breeze	Αεράκι
Calm	Ηρεμία
Climate	Κλίμα
Cloud	Σύννεφο
Drought	Ξηρασία
Dry	Ξηρό
Fog	Ομίχλη
Hurricane	Χιουρικανασ
Ice	Πάγοσ
Lightning	Αστραπή
Monsoon	Μουσώνασ
Polar	Πολική
Rainbow	Ουράνιο Τόξο
Sky	Ουρανόσ
Storm	Καταιγίδα
Temperature	Θερμοκρασία
Thunder	Βροντή
Tropical	Τροπική
Wind	Άνεμοσ

Congratulations

You made it!

We hope you enjoyed this book as much as we enjoyed making it. We do our best to make high quality games.
These puzzles are designed in a clever way for you to learn actively while having fun!

Did you love them?

A Simple Request

Our books exist thanks your reviews. Could you help us by leaving one now?

Here is a short link which will take you to your order review page:

BestBooksActivity.com/Review50

MONSTER CHALLENGE!

Challenge #1

Ready for Your Bonus Game? We use them all the time but they are not so easy to find. Here are **Synonyms**!

Note 5 words you discovered in each of the Puzzles noted below (#21, #36, #76) and try to find 2 synonyms for each word.

*Note 5 Words from **Puzzle 21***

Words	Synonym 1	Synonym 2

*Note 5 Words from **Puzzle 36***

Words	Synonym 1	Synonym 2

*Note 5 Words from **Puzzle 76***

Words	Synonym 1	Synonym 2

Challenge #2

Now that you are warmed-up, note 5 words you discovered in each Puzzle noted below (#9, #17, #25) and try to find 2 antonyms for each word. How many lines can you do in 20 minutes?

Note 5 Words from **Puzzle 9**

Words	Antonym 1	Antonym 2

Note 5 Words from **Puzzle 17**

Words	Antonym 1	Antonym 2

Note 5 Words from **Puzzle 25**

Words	Antonym 1	Antonym 2

Challenge #3

Wonderful, this monster challenge is nothing to you!

Ready for the last one? Choose your 10 favorite words discovered in any of the Puzzles and note them below.

1.	6.
2.	7.
3.	8.
4.	9.
5.	10.

Now, using these words and within a maximum of six sentences, your challenge is to compose a text about a person, animal or place that you love!

Tip: You can use the last blank page of this book as a draft!

Your Writing:

Explore a Unique Store Set Up **FOR YOU!**

BestActivityBooks.com/TheStore

Designed for Entertainment!

Light Up Your Brain With Unique **Gift Ideas**.

Access **Surprising** And **Essential Supplies!**

CHECK OUT OUR MONTHLY SELECTION NOW!

- **Expertly Crafted Products** -

NOTEBOOK:

SEE YOU SOON!

Linguas Classics Team

www.ingramcontent.com/pod-product-compliance
Lightning Source LLC
LaVergne TN
LVHW060316080526
838202LV00053B/4351